賢い人ほど失敗する

要領が悪い人でも成功するヒント

高原慶一朗
Keiichiro Takahara
ユニ・チャーム会長CEO

PHP研究所

まえがき

世の中には素質才気に恵まれ、軽いステップで人生の階段を駆け上がっていく天才型の人間がいる一方、そのはなやかな存在を横目に見つつ、足もとを一歩一歩踏みしめながら、こつこつと人生を築いていく努力型の人間がいます。

少し古い例ですが、プロ野球の長嶋茂雄さんはあきらかに天才型です。そして彼をひまわりにたとえ、みずからは日の当たらない月見草だと「自嘲」してみせた野村克也さんは、後者の努力型に属するでしょう。

テスト生として入団した野村さんはおそらく、長嶋さんをはじめとする天才型の選手との比較で、自分の才能の乏しさをイヤというほど知らされたはずです。しかし、その限界の自覚をテコに人の何倍もの努力を重ね、また知恵を絞って、自分の能力の限界値をうんと引き上げることに成功しました。

長嶋さんが届かなかった三冠王を手にしたことなどは、その象徴といえましょう。凡人の努力には、人生の女神は思ったよりも温かい笑みを注ぐもので、こういう例は世間に少なくありません。また天才型はごくひと握りの存在で、大半が努力型の人間で構成されているのが世間というものです。

しかしなぜ努力する人としない人がいるのでしょう。私は、これは唯一「人生」をどう考えるかではないかと思います。

この世に生を受けるということは、しかも人間として生まれるということは、何千億万という生命のほんのひと握りです。それは非常に幸運であったといえるのではないでしょうか。さらにいまを生きる私の前には、それこそ数え切れないほどの祖先という人の重なりがあり、自分はその最先端に立っていることを感じるはずです。こういう気持ちを持って人生を主体的能動的に行動するということを私は努力だと思います。だから人生に成功するということは、人は格別すぐれた能力に恵まれていなくても、後天的な努力しだいで充実した豊かな人生を送れるものなのです。

そのためには豊かな人間的魅力、すぐれたリーダーシップ、強い求心力を持つことが必要であると思います。私もそれにふさわしい人間であるべく、いまもなお現在進行形で自分自身を磨きつづけているつもりです。この三点の実践者として、私が尊敬するのは徳川家康公です。ご存じのように家康公は、重い荷を背負って遠き道を行くのが人生だといっています。これは毎日の地道な努力以外に人生の近道はないという、私が四十年の経営者人生から得た実感でもあります。

すなわち明確な目標を掲げ、情熱を燃やし、安易な道を避け、絶えずみずからに課題を与え、変化に価値を見出し、日に日に新たに自分を成長させていく――「平凡をきわめて非凡に至る」道を、私は家康公を思いいつも探りながら生きてきたつもりです。

人はみんな凡人です。だからこそ、みずからの凡庸さと限界を自覚し、そのうえで目の前のことに全力を傾注して、一つひとつ石を積むように達成感を味わっていくものなのかもしれません。素直な向上心と反省心、物事の結果を他人のせいにせず、すべて自分を原因と考える「原因自分論」。そういうものの積み重ねがあなたの能力を伸ばし、あなたを遠く高くまで運び、その人生を実り多いものにするはずです。

ただし、より充実して生き、すみやかに伸びていくために必要な原則や心がけというのは確かにあります。私なりにつかみとった成長と充実のための〝勘どころ〟をより具体的に申しますと、

①ものを観察するとき新しい視点を持つこと
②プランを考えるときにテーマを明確にすること
③行動を起こす際には目的をはっきりさせたうえで行動すること
④つねに気づきを大切にする感性を磨くために内なる欲求と外なる刺激をアグレッシブに受け入れること

以上の四つを生きるヒントとして、できるだけやさしく、簡潔に、多様に伝えてみようというのがこの本の第一の主旨です。

章を順に読んでいただければお気づきになると思いますが、私はまず「自分のため」自分を高めることが最初であると思います。さらに私は、これに現状否定を続けながら立派な経営者となるべく日々努力をしているつもりです（これを私は人間価値向上と呼んでいます）。

しかしそれでとどまっていては、私は単なる自己中心の人間で終わってしまうと考えています。

人として生まれた幸運をほんとうに感じるのは、「お客さまのお役に立った」ときではないでしょうか。私はそれをものの需要に対する供給者としての経営を通して、またそのなかで働く社員の成長を通して実践してきたつもりです（これを私は企業価値向上と呼んでいます）。

二十九歳で会社を興したとき、一緒に働く仲間はたった二十五人でした。小さな会社でしたので、一人ひとりが「一人二役」どころか「十役・二十役」もこなさなければならない〝超多忙な〟会社でした。しかし、どんなに目が回るほど忙しい日々が続いても、不思議なことに社員の活気は衰えず、次々と新しいことにチャレンジをし、成功しつづけることができました。「若かった」ということもありますが、やはり「互いに夢・ロマンを語り合う」習慣が小さな組織に大きな活力を与えたのではないかと思っています。

おかげさまで、いまや社員数はグループ全体で四千四百名を超える規模にまで育ちました。私ひとりの小さな力では、きっとこんな成果は導き出せなかったと思います。私にできたことといえば、社員一人ひとりに「こんな会社にしよう」「こんなかたちで社会のお役立ちをしよう」と語りかけ、小さな夢を全員と共有することだけだったと思います。しかし、これこそがリーダーの究極の役割なのだと思います。

そしていま、私はさらにより多くの人のため、世の中のために、自分の持っている能力を最大限発揮しようとして、国家貢献や郷土への貢献を視野に入れた活動を行っております。

本書の後半で、歴史や国家といった「大きな話」にも触れています。それは現在のわが国が、おそらく敗戦以来最大の転換期にありながら、今後の新しい進路を見出しあぐねていることへの危機感が背景にあります。そこに私なりの考えを示して、問題解決の考え方の一ヒントとして役立ててもらいたいという思いが強いのです。日本経団連の役員や政府委員などを兼ねるようになってから、私のなかには、そういう「公の思い」がしだいに高まってきています（これを私は社会価値向上と呼んでいます）。

いずれにせよこの本が、人生で果実を得るための肥料のような役割をし、またこの本との出会いがあなたの人生をよりよくする友達と出会ったときのような感動を与えることを期待してやみません。なぜならそれこそが、私の人生最大のテーマである「人とともに成長を期す」につながるからです。

賢い人ほど失敗する

——要領の悪い人でも成功するヒント

目次

まえがき

第一章　日々自分を変えて人生を素直に生きる

――感動・素直・原因自分論――

物事をまっすぐにとらえ、素直、健全に行動すること。それが成功への最短距離になる。複雑なことほど単純に考え、単純なことほどじっくり考えよう。…… 34
毎日の練習によって、ろっ骨が太くなってしまった老チェリストがいる。ある領域で、だれにも負けない本物をめざせ。…… 36
車から降りて、歩いてみよう。原寸大の生きた情報が、目や耳に飛び込んでくる。足があるのに歩かない人に、アイデアの羽は生えてこない。…… 38
創造力や変化適応力は感性によって養われ、感性は本物にたくさん出会うことで養われ、磨かれる。知識と感性のコンビネーションが大事。…… 40
直感とは、私たちの感覚が物事の本質に触れて、ショートしたときの洞察的ひらめきだ。よく勘を働かせて、感も観も鋭く磨こう。…… 42
笑顔は元気、喜びの素。よく笑う人こそよく生きることができる。「にもかかわらず笑う」、それが人を幸福にする。…… 44
本を読むとき、私たちの精神は活発に動き出す。読書の習慣をつけよう。孤独で静かな時間を確保して、心の井戸を掘り下げよう。…… 46

第二章　自分が選んだ仕事に全力を注いで生きる

——仕事好き・お客さま志向・変化価値論——

第三章　人生の節目を意識し五つの年代を充実して生きる

――行動から継承の年代・豊かでいい時間・共感感動――

人生は登りつづけるもの。しかも負荷をかけて鍛えながら登るもの。だから自分の心も前向きに打たれ強くなりたい。……122
第三章のまとめ／第三章のキーワード／やってみるコツ……124

第四章　厳しさと達成感の繰り返しでリーダーとして生きる
――共振の経営・リーダーシップ・リスクテイキング――

売れない時代にモノを売る。そのキーワードは「感動」と「顧客志向」にある。事業経営も感動をベースに行われなくてはならない。経営者はだれよりも感動人間であれ。……128
感動を遠くまで伝えるには、一人ひとりが共鳴体となると同時に、振動の発信体ともなって、自発的に行動しなくてはならない。その「共振の経営」が理想。……130
「もう」といいたいときに、「まだ」といってみると、それだけで気持ちが前向きになる。言葉には意識を変える力がある。自分のテーマを言葉にしてみよう。……132

第五章　人間好きとして人と人との間で生きる
――友人・家族とのきずな・女性の味方――

第六章　歴史観・世界観・人物観をふまえながら生きる

――日本ブランド・健全な愛国心・歴史に学ぶ――

国の危機が叫ばれているが、低迷期に悲観論を唱えるのは、じつはやさしいことだ。この国の持つ強みを再認識して、ピンチをチャンスに変えよう。……176
古い船はもう動かないが、新しい船はいまだ建設されていない。そこに危機の本質がある。個人は組織に頼らず、自立して、新しい航海図をそれぞれ描き直せ。……178
コレクティブな生き方から、アソシエーティブな生き方へ。みんな、彼ら、その他大勢という集合名詞のなかに埋没せず、分割不可能な「私」を築け。……180
日本の技術力は品質と哲学にすぐれ、世界のあちこちで信頼されている。わが国の存在意義の一つ。その技術力を核に文化や芸術面でも「日本ブランド」を広げていこう。……182
物質偏重のあり方を見直して、ものと心のバランスを回復しよう。「あれば便利なもの」と「なくてはならぬもの」、ほんとうに大切なのはどっちか。……184

あとがき

装幀：石間　淳
装画：田中靖夫

第一章

日々自分を変えて人生を素直に生きる

——感動・素直・原因自分論——

感動する心の乏しい人の
人生は砂漠のようだ。
感動が人間の行間を広くし、
人生の振幅を大きくする。
「おおっ」の多い人生を生きよう。

人の命が生まれるとき、人は涙とともに喜びます。人の命が終わるときにも、人は涙とともに悲しみます。人は感動とともにこの世に生まれ、感動とともにこの世を去っていくのです。人が生きていくプロセスもまた感動に彩られています。喜怒哀楽なくして過ごせる時間など、人生のなかにいっときたりともありません。

感動する心の乏しい人の人生は砂漠のようでしょう。感動をともなわない仕事は不毛であり、感動の込められていない商品は売れず、感動の不足した経営は社会に受け入れられません。ですから、いつも本物に触れ、人と人の間にあって感受性を磨きながら、私たちは感動を忘れたくないものです。

何かを見たり聞いたりして、自分のなかで本能が動き、揺さぶられる。「おおっ」と思う。その「おおっ」を一日のうち、一生の間に、どれだけたくさん感じられるか。それが人生を実り多いものにするか、そうでないかの分かれ目となります。生きることは感動すること。感動多き人生が人間の行間を広くし、その振幅を大きくするのです。

人にも引力があり、
その引力のもとは元気である。
元気は元気を呼び、
周囲にも「伝染」していく。
まずなにより元気であれ。

星に引力があるように、人にも引力があります。引力の大きい人の周りには自然に人が集まります。そうやって人間はお互いの引力で影響し合って暮らしているのです。

この人間の引力のもとになるのはなんでしょうか。私はいちばんに「元気」だと思います。元気のある人のそばにいると、こちらまで元気になるからです。元気とか思いとか、夢や希望といったものは伝染性のもので周囲に感染していくのです。だから私たちは、まず自分自身が元気でなくてはなりません。

元気というのは、大声を出したり、歯切れのいい動作、健康な体といったことだけを意味しません。明るい性格、前向きな考え、飽くことのないチャレンジ精神、目的に向かって地道に打ち込む姿勢――そういうものがギュッと詰まった、人間としての「中身の濃さ」のようなものです。体だけでなく、心もすこやかでじょうぶな人が元気な人であり、引力の強い人なのです。みなさんもおおいに元気を周囲に伝染させてください。

意識してみずから「オーラ」を出し、元気を出す努力をしましょう。

賢い人が失敗するときは、
その賢さに足をすくわれる。
愚直に、一心不乱に、
取り組んでいる人がいたら、
その人をこそ恐れよ。

国というのは盛んになったのと同じ理由で滅びるといわれますが、人も同じです。賢い人が失敗するときは、その賢さゆえであることが世間には多いのです。

賢い人は先が見え、効率の要諦が見抜けるので最短距離を行くことができます。でもその結果、中身を濃くすることよりも、手際や歩留まりのほうを優先させてしまいがちです。簡単な仕事だからと、つい手を抜いて、世間の信用を失ってしまうこともあります。

そこへいくと愚直な人は、目の前のことに一心不乱になります。全身全霊を打ち込んで精進します。いかにも要領が悪く、遠回りも多いのですが、自分の持てる力、知恵を惜しげもなく注ぎ込んで倦《う》みません。それがその人を成功に近づけます。

えらぶって、物事をうまくやろうとしないことが大事です。それより大切なのは「とにかくやること」。理屈も何もなく、やることです。こんなつまらないことをよく飽きずにやれるな――あなたの周りに、人からそんなふうにいわれている人がいたら、その人こそあなたが真に恐れるべき人物です。

まじめな人たちが
社会を支えている。
近ごろまじめの旗色は悪いが、
まじめっていいな、
そう思える社会をつくろう。

炎天下にお百姓さんが田畑の雑草を熱心にとっている。企業の研究員が商品開発に寝食を忘れている。ハンカチで汗をふきふきセールスマンが商品の説明をしている。

と思います。こういうまじめな人たちが世の中を支えているんだなとも思います。

「ああ、まじめっていいな」

一足飛びに大きくなることを求めず、小さな努力を積み重ねて、少しずつ確実に成長していく。収穫や実りは次の世代に託して、欲をかかず、不器用といわれても与えられた条件のなかで力を尽くす。おのれをわきまえ、不平不満は後回しにし、まじめに働く。

近ごろは、こういう農耕民族的な勤勉、実直な生き方がないがしろにされる傾向があります。まじめを鈍いとか融通がきかないとわらう人もいます。社会を動かしているのは「すぐれた人」たちかもしれません。しかし社会を支えているのはまぎれもなく「まじめな人」たちです。まじめっていいな――そう思える社会をつくりたいものです。

物事をまっすぐにとらえ、
素直、健全に行動すること。
それが成功への最短距離になる。
複雑なことほど単純に考え、
単純なことほどじっくり考えよう。

まっすぐに取り組んで、むずかしく考えない――これは伸びる人間の大きな条件の一つだと思います。いたずらに考え込むのは、事態を悪化させることはあっても好転させることは少ないものです。こういうふうにもできたはずだと、あれこれ思い悩むのは最悪に近い行為なのです。

わが社が、大人用紙オムツ市場を考え市場調査をはじめたとき、おおいに迷いましたが、このときは企業理念に合うという一心で最後の判断をして参入しました。反面、商品開発において、テープで止める紙オムツをはかせるパンツタイプにすることは、一見簡単に見えましたが、介護する側、される側の希望をくんでみると多くの解決すべき点が出て、たいへん苦しみました。

世の中の動きは複雑なものですが、だからこそ考えすぎることはよけいに事態をこじらせてしまいます。コンピュータの複雑な働きも、○と一の二進法からでき上がっています。複雑なことほど単純に考えて、まっすぐなアプローチをとるべきです。逆に、簡単そうに見える問題を単純にとらえず、じっくり腰をすえて考える。そういう「たすき掛け」の思考法が大切なのではないでしょうか。

毎日の練習によって、
ろっ骨が太くなってしまった
老チェリストがいる。
ある領域で、
だれにも負けない本物をめざせ。

青木十良《じゅうろう》さんというチェリストがいます。九十歳近くという高齢ながら、バッハを演奏したCDを発売した努力家です。青木さんはいまでも毎日四時間の練習を欠かさず、そのせいで、ろっ骨がすっかり太くなってしまい、レントゲンを撮っても肺が映らないといいます。一芸に秀でた人とは、かくのごとしです。

どんな分野でもいい。あなたが郵便配達の仕事をしているなら、郵便配達人として、とことん「本物」をめざすことが大切です。目の前の現実に最大限の努力をして、その分野で第一人者をめざす。それがあなたの将来を確かにする最良の行動様式なのです。

私も人のすべてを吸収しよう、それを自分の身につけようと、四十年間「これは使える」と思ったことをメモし、日々復習してきました。その積み重ねが私の宝物の一つである六百数十冊のノートです。

四十年間継続したことで、人生の考え・行動を継続することの尊さに誇りと自信を持ちました。

車から降りて、歩いてみよう。
原寸大の生きた情報が、
目や耳に飛び込んでくる。
足があるのに歩かない人に、
アイデアの羽は生えてこない。

私が通勤に使っている交通機関は「徒歩」です。自宅から会社まで毎日歩いて通っています。車に比べればスピードはありませんが、ガソリン不要で環境にもやさしいし、なにより健康的で、かつ安全です。

歩く利点はもっとあります。街を自分の足で歩くということは、社会を等身大の目で眺めるということです。そこで得られる情報は、数字や統計の衣をはぎとった原寸大のもので、それはまぎれもなく「生きた」情報です。

歩くことで好奇心が刺激され、みずみずしい感性もよみがえってきます。車や乗り物に乗ってばかりでは、沈丁花《じんちょうげ》の香りに春の訪れを感じることはできません。そうして歩かない人間はだんだん感性を鈍麻させ、世間オンチになっていくのです。

歩くことほど人間らしい行為はありません。ときには車を降りて、二本の足でしっかり地面を踏みしめながら歩いてみてください。体の脂肪とともに、心のオリやカスも徐々に流れ出ていくことに気づくはずです。

どの分野であっても、専門家として「視座」と「視角」と「視点」を変えて、豊かな発想を持つことをすすめます。

創造力や変化適応力は
感性によって養われ、
感性は本物にたくさん出会うことで
養われ、磨かれる。
知識と感性のコンビネーションが大事。

終身雇用制度の終わりは、偏差値万能時代の終わりも意味しています。偏差値とは記憶力の勝負のことですが、それはもうこれからコンピュータがどんどん代行してくれるからです。偏差値の代わりに必要とされるのは、企画力とか創造力、あるいは未知なもの、新しいものに柔軟に対応できる変化適応力などです。

それを養うには「感性」が大事です。感性とは、いわば事の本質を手づかみで把握する能力のこと。したがって、知識や情報をいくら詰め込んでも磨くことはできません。いいものやすぐれた人にたくさん出会うことからしか鋭い感性は育たないのです。実際に自分の目や耳で、どれだけ数多く「本物」に触れたか。その体験がものをいうのです。

私は出張の際、時間が空いたときは美術館でよい絵に出会うのを楽しみにしています。そういうなかで感性を養おうと思っています。

勉強だけ、仕事だけの偏差値秀才の価値は薄れていくでしょう。豊かな趣味や遊び心を持ち、仕事と遊び、あるいは知識と感性のコンビネーションが、ほんとうに個を確立でき、自立していける時代なのです。

直感とは、私たちの感覚が
物事の本質に触れて、
ショートしたときの洞察的ひらめきだ。
よく勘を働かせて、
感も観も鋭く磨こう。

感性というのは、案外ロジカルなものです。直感というと非科学的で、あいまいなもののように思われていますが、それは私たちの感覚が物事の本質に触れたときの「洞察的ひらめき」といえます。ですから経験や修練から生まれる直感というのは、科学も及ばないほどの正確性を持っているものです。

将棋の棋士は何千何万という手のなかから、一瞬にして最良の次の一手か二手を絞り込んでしまいます。理屈や分析ではとうてい不可能なことで、マッハ的速度でまっすぐ的を射抜く感覚的洞察力です。それを私たちは便宜的に直感と呼んでいるだけなのです。すぐれた発明も、その直感をあとから原理づけたり、論理化したものが多いようです。

私も直感に頼り、事業展開すべき分野を、生理用品・子供用紙オムツ・大人用紙オムツと進めてまいりました。人は紙加工の過程といいますが、そのときは、これはいけるなという直感が働いたからだと振り返って思います。

直感の奥には、大局観から判断する観も、いままでの人生の見聞から得た勘も働いています。

笑顔は元気、喜びの素。
よく笑う人こそ
よく生きることができる。
「にもかかわらず笑う」、
それが人を幸福にする。

中国に一怒一老、一笑一若という言葉があります。一回怒ると一つ年をとり、一回笑うと一つ若返るという意味ですが、これは心理的な範囲にとどまらず、医学的にも意味のあることではないでしょうか。笑いは健康や元気の素。よく笑う人は、よく生きることができる人なのです。

「笑顔のいい人を私は信用します。人なつっこい笑顔ほど、人の心を和ませるものはありません。明るい笑顔と大きな声。それと多少の知性があればたいていのことはうまくいく」——そういったのはアサヒビール元会長の樋口廣太郎《ひろたろう》さんです。

だから心労の絶えない人ほど笑顔に努めてみましょう。冗談じゃない、こんなに苦しいのに笑えるもんか。そう思える人こそ、自分を励まして笑ってみるのです。私たちは楽しいから笑うわけではなく、まず笑う、すると楽しくなるのかもしれません。一笑一喜の精神で、苦しいことが多いとしても、「にもかかわらず笑う」姿勢が大切です。

私は四十年来、出社しての最初の仕事を、社員に笑顔で「おはようございます」ということにしています。

本を読むとき、
私たちの精神は活発に動き出す。
読書の習慣をつけよう。
孤独で静かな時間を確保して、
心の井戸を掘り下げよう。

本を読む行為はとても静的な行為で、本を読むとき、人は立ち止まります。立ち止まるとき、人間の精神は活発に動き始めるのです。また、本を読むことは「自分のなかに井戸を掘る」行為です。読書によって自分の内面を深く掘り下げることができます。それでいながら教養や見識を「横に」も広げて、比較する能力も深耕する能力も身につけてくれます。

文庫本なら五百円くらい。こんな安価でこれほど栄養の豊富な心の食べ物はありません。書物は私たちの内面をうるおす樹液のごときものです。それは個を磨き、精神の骨格をかたちづくってくれます。

社会で日々、実践に忙しい人こそ、無理をしてでも本を読む時間をつくるべきです。読書によって自分が経験していないことを吸収し、毎日の実践を通じて経験したことの意味や価値を自分のなかに蓄積していくことができるからです。読書を習慣づけましょう。たくさん読む必要はかならずしもありませんが、いろんなタイプの本を読む必要があります。

私は習慣として、一回三十分以内の読書をします。それが心の井戸を掘り下げる結果につながっていると感じます。

仕事と遊びを
対立関係でとらえるのはやめよう。
遊びの活力を仕事にも生かし、
遊ぶように働くのが理想。
遊びがまじめを活性化する。

人間は働く動物であると同時に、遊ぶ動物でもあります。だから仕事イコール苦、遊びイコール楽と単純に考えて、どちらかを上位に置くような考え方を、私たちはそろそろ改めるべきだと思います。

遊びを仕事の対極に置く考え方はもう古く、遊びか仕事かという二分法も時代遅れではないでしょうか。仕事が充実するから遊びの時間が楽しく、遊びの時間が生きているから仕事が活性化する。この二つは対立事項ではなく補完関係にあるのです。

実際、すぐれた人は仕事を遊びみたいに楽しくこなしているものです。遊び心いっぱいで楽しみながら仕事をしていることが多いもの。むろん仕事には苦しいこともたくさんありますが、遊びのときに発揮される活力を仕事に生かすことはとても大切ですし、仕事に必要とされる創造性や想像力は、遊びによってもおおいに養われるものなのです。

ですから私たちは、うんと働き、うんと遊ぶべきです。まじめが遊びを生かし、遊びがまじめを活性化するのです。

「あなたのせいだ」と
相手を責めたくなったときこそ、
その指先を自分に向けよう。
「原因自分」の考え方が
失敗を生かし、人を成長させる。

「こうなったのはおまえのせいだ」と相手を指さす。そのときの指のかたちを見てください。相手に向かっているのは人差し指だけで、残りの指はほとんど自分を差し示しているでしょう。物事がうまく進まなくて人を責めたくなるときでも、その責任は、じつはおおむね自分にあるものなのです。

ユニ・チャームには、「原因自分論」という組織風土が根づいています。四十年の歴史のなかで、二度の減収減益がありました。非常に残念で口惜しくもありましたが、その状況で経営を立て直せるかどうかは、まず他人ではなく、失敗やトラブルの原因をすべて自分の非力に求めて、その自分を基点に解決や対処をしていこうという姿勢です。

素直に自責の態度を心がけて、みずから失敗の要因を改める「原因自分論」。変化したぶんだけが人生の成長だと評価して日々を送る「変化価値論」。経営の目的は「つねにお客さまに尽くしつづけてこそナンバーワン」。以上の三つが、ユニ・チャームのＤＮＡです。

好調なときこそ
道の端を歩け。
先を急ぎたいときこそ
立ち止まってじっくり考えよ。
早急な結論は真の結論にあらず。

トヨタ自動車会長の奥田碩《ひろし》さんは、社員や役員につねづね、「頭を下げて、道の端を歩こう」といい聞かせているそうです。好調なとき、盛りのときこそ、周囲にはへりくだった態度をとらないと、ほんとうの尊敬は得られないからだというのです。私も、社員には、心の四つの病気として、甘え・マンネリ・おごり・うぬぼれという言葉でいましめています。

そして順風のときこそ、あちこちを点検してみる必要があります。いたずらに先を急ぎ、結論を急いで、いいことなど一つもないからです。哲学者の西田幾多郎は、哲学の授業がつまらないので退学したいと申し出た学生に、「急ぐということにはかならず間違いが含まれている」といってたしなめたのだそうです。これも肝に銘じておきたい言葉です。

正しいという字は、一度止まると書きます。結論を急ぎたくなったら、一度立ち止まって、自分は調子にのっていないかを再考してみてください。簡単に手に入る結論は真の結論にあらず、です。謙虚な態度を持ちつづけて、緩急自在に対応できる能力を持ちたいものです。

嘘をつかない、誠実である。
人間の魅力は、
そんな平凡な心がけに源泉がある。
とりわけ「人の心がわかる」人に、
人は大きな吸引力を感じる。

人間的魅力というのは、どういうところから醸し出されてくるものでしょうか。何か卓越したものが必要なのでしょうか。けっしてそうではないでしょう。もっとずっと平凡なもの、たとえば嘘をつかないとか、誠実であるとか、天賦の才はなくとも、地道な心がけによって身につくもののように思えます。

私の場合は、人間好きにおいて人後に落ちないと考えています。それがあれば、人を引きつけ、説得する〝魅力的なオーラ〟もおのずとにじみ出るはずだという確信もあります。

とりわけ「人の心がわかる」情の大切さを、年齢とともに実感しています。私は人と接するとき、相手の心理状態が「安心—理解—納得—共感—信頼—感動」のどの段階にあるかを確認しながら対応することを心がけています。これは、初対面の場合も、そうでない場合も共通の心がけだと思います。このように人の心がわかる人に、人の上に立つ資格があり、人がついてくる大きな魅力もあるのではないでしょうか。これを世の中では、「人物の器量が大きい」とか「人間的魅力がある」といわれます。

人生を変える決定的瞬間。
それはだれにも一度は訪れ、
しかし何度も訪れてはこない。
その瞬間を逃さず、
自分を変えるチャンスにしよう。

人生のうちには「決定的瞬間」というのが、だれにもかならず一度は訪れます。みずからの人生観や職業観、意識、ものの見方や考え方が百八十度変わる転換点のことです。それは人との出会いであることもあれば、ある事件との遭遇であることもあります。

私の決定的瞬間は二度ほどあって、一度はうんと古い話で、小学校四年生のときにクラスで三番の成績をとり、意気揚々と家に帰りましたが、母から「一番ではないのか」と問われたときでした。小さな慢心を戒められて、以後幼いながらも、「こまい（小さい）ことで満ち足りるな」という自戒を腹にすえた出来事でした。もう一つは、昭和三十七年、私が三十一歳のとき、アメリカのスーパーで生理用ナプキンを「発見」したことです。日本でこれをやろうと決意した、経営者としての大きな転換点でした。

決定的瞬間が六歳でやってくる人もいれば、五十歳を過ぎてから、それに出会う人もいます。肝心なのは、それがだれにも一度はかならず訪れ、そしてそう何度も訪れてはこないことです。その瞬間を見逃さず、自分を変えるチャンスにしましょう。

第一章のまとめ

この章を通じて私がお伝えしたかったことは、一度しかない人生の尊さを思うからこそ、「感動に包まれ充実感を持てる人生」を送ろうということです。高い志や目標を持ちつつ、つねに謙虚にわが身を振り返る素直さが原点です。あわせて、人生の転機となる「決定的瞬間」を逃さず自分を変えようということです。そして、一つのことを愚直なまでに誠実に一徹な気持ちで力の限り努力すれば、きっと道は開けます。

第一章のキーワード

「感動」「元気」「まじめ」「素直」「感性」「笑顔」「原因自分」「決定的瞬間」

やってみるコツ

第一章の内容に共感された方には、ぜひ実際に試していただくことをお願いします。やってみるコツとして次のものをおすすめします。

- 毎朝、顔を洗うときに笑顔で「今日もたくさん良いことがあるぞ」と気合を入れる。
- 毎日五つ以上「関心を持ったこと」「感動したこと」をメモに残し、周りの十人に話す。
- 「ありがとう」を口にし、周囲に感謝の気持ちをばら撒く。
- 知らないことは素直に貪欲に「教えてください」とお願いする。
- 夜、歯磨きをしながら「今日も充実した一日だったか？」と素直に反省する。

第二章

自分が選んだ仕事に全力を注いで生きる

——仕事好き・お客さま志向・変化価値論——

路傍に咲く季節の花。
それをきれいだと思うか、
なんの関係もないと感じるかで、
幸不幸が分かれる。
仕事にも積極的に楽しみを見出そう。

嫌な上司にガミガミ叱られたあげく、営業の契約も取り損ねた。人生最悪の日だと落ち込みながら帰る駅の構内に、季節の花が植えられていたとします。そのとき、「ああ、きれいな花だ。ずいぶん心が慰められる」と思うか、「季節の花がオレの人生となんの関係がある。勝手に咲いてるがいいや」と感じるか。

どちらの感慨を抱くかで、私たちの幸不幸の道が分かれるような気がします。あなたは新人で仕事を一人前にこなせない。でも、あいさつだけは元気にきちんとしようと心がけている。そうしたら今朝、ガードマンのおじさんが笑顔であいさつを返してくれた。それがうれしくて、ようしやるぞと意欲がわいてきた。こういう人は幸いなるかなです。

人間の幸不幸を決めるのは、つまるところ心しだい。幸福な状態にあるから幸福なのではなく、幸福と感じられるから幸福なのではないでしょうか。仕事も同じです。みずから進んで仕事に楽しみを見出そうとする人が、仕事を楽しめる人なのです。物事をプラスに、また心が楽しい状態になる発想を持ちましょう。

仕事を好きになることは、
働く者の義務である。
この世のどこかに、
楽しい仕事があるわけではない。
苦しい仕事を楽しくやれるかどうかだ。

私たちは仕事なしには生きられません。ならば仕事を好きになること、仕事のなかに楽しみを見つけることは、働く人間の義務ではないかと思うのです。その努力なしで、仕事のグチや不満ばかりを口にするのは怠惰というものではないでしょうか。

「仕事が楽しいわけないじゃないか。きついかつまらないかだ」。そういう人がいるかもしれません。でも、ちょっと待ってください。十の仕事のうち九は苦しくとも、どこかにかならず一の楽しみが存在している。それが仕事というものです。あるいは苦しさのなかからにじむように生まれてくるもの。それが仕事の楽しみというものなのです。

「学ぶ者は行う者にしかず、行う者は好む者にしかず、好む者は楽しむ者にしかず」といいますが、私もまったく同感です。私はいまでも、「まずは私がやりましょう」と仕事を買って出る好奇心を持ち、やりながら好きになる努力を続けています。そのような繰り返しで、いつのまにか仕事が楽しくて仕方がなくなった次第です。

親にお金を出してもらった
旅行で得るものは少ない。
「楽」をすれば簡単だが、
楽にはどんな栄養もない。
より高いハードルを自分に課そう。

努力はいまどきあまりはやらない言葉のようです。最近の若い人の嫌いな言葉の第一位は「石の上にも三年」なのだそうです。何につけても楽なこと優先のようですが、でも楽なことは案外つまらないものです。

親に出してもらったお金で世界旅行に出かけた人の感想が、「ピラミッドは三角形だった」のひとことだけだったという話があります。楽をしたらなんの発見や感動にもつながらないし、いい発想や豊かな感受性の肥やしにもなりません。

ある仕事で小さな手抜きをした。そのときは楽ですが、自分はそれで満足でしょうか。次の仕事で、より苦しまなくてはならなくなります。手抜きをするのは苦しいからですが、手抜きをしたことで、その苦しさは手つかずで、苦しいまま変わらないからです。手抜きをせず、いまの仕事で苦しめば、そのぶん次の仕事の苦しさは軽減されていきます。仕事とはそういうものです。

目の前の壁から逃げることよりも、それを打ち破るほうが、結局は自分も納得でき、長い目で見れば楽なのです。

世界のナカタには
なぜ腰痛の持病があるのか？
体に不調を生じるほど力を注ぎながら、
それを言い訳に使わない。
強いプロ意識に学ぶことは多い。

サッカーの中田英寿《ひでとし》選手には腰痛の持病があるそうです。試合中――練習中もそうでしょう――いつもピンと背筋を伸ばして、上半身をまっすぐに保っている影響からだそうです。サッカー選手の目はつい足もとのボールにとどまりがちですが、それだと敵味方の選手の位置や全体の流れがわかりにくく、効果的なパスも出せない。

そこで中田選手は、無理にでも上半身を立てて、視野をワイドにとるよう心がけている。人知れぬ腰痛はその結果で、一流サッカー選手の強烈なプロ意識の「たまもの」なのです。彼が本場のヨーロッパでも一流選手でいられる理由がわかる気がします。中田選手は、かりに凡プレーやミスをしても、けっしてそれを腰痛のせいにはしないでしょう。プロ意識とは、そういうものなのです。

不調や不具合さえ生じるほど力を注ぎながら、その不調や不具合を言い訳に使わない――私たちも、これくらい強いプロ根性を持って毎日の仕事をしたいものです。プロは共通して、その瞬間その瞬間に全力で集中する訓練を続けています。

どんな小さな仕事でも、
その仕事の「社長」は自分自身だ。
いわれたとおりにこなすのではなく、
オーナーシップの気概を持って、
創意工夫を重ねてみよう。

どんな小さな仕事でも、その仕事の「社長は自分だ」と思ってやる気概が大切です。会社が大きくなり組織分業が発達すると、人は組織の歯車として、個人の役割だけをまっとうすればいいという考えに傾きがちです。

しかし、いわれたことしかやらない、いわれたことならソツなくこなす受け身型の秀才ではダメで、「自分が社長だったらどうするだろう」という経営者感覚＝オーナーシップを持って、小さな仕事にも全力で取り組むことでおもしろさを見出し、あなたの能力を伸長させるのです。松下幸之助翁は同じ意味で、「他人のものは自分のもの、自分のものは他人のもの」といっておられます。

あなたはあなたの役割のオーナーであり経営者です。あなたの仕事の社長はあなた以外にだれもいない。だから、与えられた仕事を与えられたままにこなすのではなく、つねに自分なりの創意工夫をつけ加える必要があります。

そういう「自己完結性」の体験が人の能力を伸ばし、オレの仕事の社長はオレ自身だという意気を養成してくれます。そのような気持ち（真理）が態度に表れます。私は人と接したとき、相手がオーナーシップを持って取り組んでいるか判断し、そうでないときは相手のために助言することにしています。

失敗を失敗のまま放置したとき、
失敗が失敗として確定してしまう。
失敗してもチャレンジすれば、
いつも成功の過程にいられる。
成功するまで続けることが成功のコツ。

つまり失敗というのは、失敗したままで終わらせたとき初めて失敗として記録されるのであって、たとえ失敗しても、次の瞬間からまたチャレンジすれば、失敗が失敗にとどまることなく、いまも進行形の「成功への過程」となるのです。

「成功する人というのは成功するまで続ける人だ」と松下幸之助さんがいっています。まさに至言で、失敗するのは成功するまで続けないからだ、ただ、それだけのことだと思うのです。

当社もいくつかの分野で、ナンバーワン商品を持っていますが、失敗の連続を乗り越え、ナンバーワンになるまで挑戦しつづけた歴史があったからこそであろうと思います。

仕事というのはすべて「目下、進行中」のものです。進行中の事柄に、これは失敗だったとピリオドを打ち、失敗ファイルに入れてしまうのはナンセンスです。仕事で成功するコツ、それは失敗も成功も、いつも進行形にしておくことではないでしょうか。

他人との比較で
勝ち負けを決めるな。
人と比べるのではなく、
過去の自分と競争しよう。
自己ベストを出した人はみんな勝者だ。

あいつはオレより仕事ができる。同僚と比べて給料が安い。同期のなかでは出世が遅い。絶えずこういう比較をして、ストレスや劣等感を溜め込む。あるいは逆に、人よりすぐれていると優越感にひたる――。私たちには、人との比較で勝ち負けを決めたがる癖が抜きがたくついてしまっているようです。

人に勝ちたい、負けたくないという気持ちはエネルギーにもなるから、いちがいに否定はできませんが、他人との比較でしか優劣や勝敗を考えられない生き方は、やはり近視眼的であり不毛であるように思えます。すぐれた人間を目標にしたり、人の良い点はどんどん学んで吸収すべきですが、人と比べることはしないほうがいい。

比べるなら、過去の自分と比べるべきです。過去の自分よりどれだけ成長したか、うまくなったか。「他人比」ではなく、「昨日の自分比」を成長のものさしにしたほうが人は健全に伸びていけるからです。日々新たなり、変化価値で自己ベストを出した人はみんな勝者である。「勝つ」よりも「克つ」が大切です。

さらには将来の自分の姿もイメージして、一段高い目標に挑戦しましょう。

あなたの給料は
だれが払っているのか。
会社ではなくお客さまだ。
それを肝に銘じることが、
あなたの発想を変えていく。

国も企業も個人も、発想の転換をいま求められているのですが、発想を変えることは口でいうほど簡単ではありません。私が一つ心がけているのは、ことあるごとに「給料はだれから払われているか」を思い出すことです。

給料はだれが払っているのでしょうか。会社や社長ではありません。消費者やお客さまなのです。あなたがつくり、売った商品。あなたがついやした労力。その対価にお客さまが支払った代金が給料の源泉なのです。当たり前のことですが、これをいつも忘れないでいるのも、そう簡単なことではありません。

とくに消費者とじかに接する機会の少ないサラリーマンは、自分の給料がお客さまのふところから出ていることが実感できないもの。もし実感できれば、顧客重視や顧客満足のほんとうの意味が理解でき、発想も大きく変えることができるはずです。仕事がイヤになったり不平不満をいいたくなったら、自分の給料はどこから出ているか。それを思い出してみてください。

先ほども紹介しましたが、ユニ・チャームのDNAの一つが「お客さまに尽くしつづけてこそナンバーワン」であり、お客さまが自分の給与を払ってくれているという気持ちを継承しています。

仕事のモチベーションを
やる気に求めてはダメだ。
「とにかくやること」を
毎日の習慣にしてしまおう。
その継続から力が蓄えられる。

習慣は第二の天性だといわれます。人間は習慣の動物であり、私たちの暮らしの九〇パーセント以上は習慣の産物でしょう。したがって、その内容いかんで人生もほぼ決定してしまうといっていい。食生活の習慣が、その人の健康や寿命を決めてしまうようなものです。

その習慣というのは継続によって身につくものです。いつも昼ごろ起きていた人が早起きを習慣にしようとすると、最初のうちはつらいものです。でも、慣れればそれが当たり前になる。仕事も同じように考えればいいのです。気が向かない、やる気がないなどといわずに、とにかく毎日一定時間を仕事に捧げる。その「やりつづけること」を自分の習慣にしてしまうのです。すると、そこから楽しみも生まれてくるはずです。

私は格別すぐれた能力を持った人間ではありませんが、「習慣になるまでやめない」才能にだけは恵まれたようです。その能力を私はやりつづけることによって体得し、おのれの習慣や性格にまで仕立て上げてしまったのです。ありきたりの言葉ですが、継続こそがまさに力なのです。日当たりの計画力、実行力、そしてその達成感を味わう習慣を四十年続けています。

広い視野を持つ鳥の目と
近くを正視する虫の目。
いい仕事にはその二つの目が必要。
目の前の作業を正確にこなしながら、
全体の見取図も忘れない。

仕事には「鳥の目」と「虫の目」が必要です。鳥の目とは、仕事の全体像を一段高いところから見渡し、いまの自分の作業が全体のどのへんに位置しているかを確認する視点のこと。あるいは組織全体のなかに占める自分の仕事の意味やポジショニングを明確にする目のことです。

この鳥の視点がないと、目の前の作業にとらわれすぎて、その意義や目的を見失いがちです。いわゆる「木を見て森を見ず」になってしまう。でも鳥の目だけでは視点が高すぎて、毎日の作業や現場感覚がおろそかになりがち。今度は、森を見て木を見ない過ちをおかしてしまうことになります。

これを私は、全体の見取図（グランドデザイン）も必要だし、逆に、一つひとつの段取りをしなければ仕事はうまく進まないといいつづけています。

これは、「着眼大局、着手小局」にもつながることでしょう。一つの実行は、

6W2H1P

Why
What
Who
When
Where
Whom
How to
How much
Priority

に具体化します。

成功は自信の素だが、
過信の要因でもある。
成功の翌日にはもう成功を忘れよう。
成功体験を過去のものにすること。
それが進化である。

成功は人間に自信を植えつける有力な種子です。しかし自信はまた、人をはだかの王様にする因子ともなります。自信を持ちすぎると、「このやり方が正しい」と思い込み、周囲の意見やアドバイスが耳に入りにくくなり、社会や市場が変化しているにもかかわらず、前の成功事例を繰り返して失敗する——組織にも個人にもいえることです。

成功には自信を持っていいのですが、それにおぼれないことが大切です。おぼれないために大切なのは、成功を忘れて、成功の翌日にはまた一から始めることです。昨日までの最高を今日には最低まで針を戻して、まったくの白紙から再スタートすることです。

大リーガーのイチローがヒットを放って出塁したとき、塁上でいちばん最初にするのは、そのヒットのイメージを頭から振り払うことだといいます。成功体験を忘れることから次打席の対策が始まるのです。そうやって一打席ごと、一試合ごとに絶えず自分を更新していく——その「日々新たなり」の姿勢がなにより大切であり、私たちの仕事にも進化をもたらします。過去の成功体験へのこだわりは、その後の失敗の最大要因です。

たまにホームランを打つよりも、
確実にヒットを打てる打者がいい。
鈍くても誠実に努力して、
平凡のなかの非凡を身につけよう。
才能とは根気のことなのだから。

野球の例を出しましたが、私はむずかしい球をときどきホームランする打者より、やさしい球を確実にヒットできる打者を好みます。前者は非凡な爆発型で、後者は平凡な積み重ね型といえますが、私は後者に「平凡のなかの非凡」を見るのです。

才能とは一見、鋭利できらきら輝いているもののように思われていますが、鈍くて平凡でも、誠実で一途な努力のほうが結局遠くまで人を運び、仕事の面でも役立ちます。なぜならいっきょに事が成ることは、どんなことでもありえないからです。またいっきょに事を成そうと思うと、かならずどこかに無理やゆがみが生じます。すべて一歩一歩、根気よく辛抱強く進めていくしかないのです。

仕事でも高い目標を掲げることは大事ですが、そこまで到達するには、毎日、地味でこまかい努力を積み重ねていくほかに近道はありません。今日までの平凡の蓄積が明日非凡な結果として花開くのです。だから才能とはつまり根気のことではないでしょうか。小さな成功体験とその達成感の繰り返しが根気を強化します。

目標達成までのプロセスを
具体的にイメージする力が必要だ。
柔軟なイメージを
正確にマネージメントする。
それがいい仕事に不可欠。

仕事にマネージメント能力が必要なのはいうまでもありません。自分の仕事を自分で管理する力。仕事を計画どおりに進行させていく管理能力のことです。それはパターン化やデータ化できる「静的な」方法論や技法ともいえるでしょう。

しかしマネージメント能力だけでは、じつは仕事の半分しかやったことにはならない。それに加えて、私は「イメージメント能力」が必要だと考えています。最終目標を描くことと、その目標を達成するために、どのようなプロセスを通らなくてはならないかを事前にイメージできる力のことです。目標に到達するための手段や方法、期間などを具体的に頭の中で描ける能力です。

イメージメント能力は動的であり、ときどきの変化に柔軟に対応していく多様なシナリオ選択能力のようなもの。それが次々に選択していくプランを、実際に管理進行していく力がマネージメント能力というわけです。

いわば「イメージできないものはマネージメントできない」のです。

イメージできるようにプレゼンテーションすることが、マネージメント能力の大切な要素です。

成長するためには
絶えず変わっていかなくてはいけない。
変化こそが新しい価値を生むからだ。
変わらないものの数より、
変えるものの数をふやそう。

伸びる人は、いつも変化しているものです。継続することを単なる現状維持と考えるなら、それは間違いで、いまの状態を将来にも保持しようと思ったら、絶えず変わっていかなくてはなりません。満足とは停滞であり、続けていくためにこそ変化が必要とされるのです。変化対応力や適応力が継続や成長の原動力となるともいえるでしょう。

あなたの仕事の中身を棚卸ししてみてください。一年前と同じレベル、同じ意欲、同じ内容の仕事をしていませんか。であれば、あなたはもう退歩していると考えるべきです。変えたものより変えないもののほうが多かったら、それはすでに停滞なのです。

変化こそ新しい価値を生む。みずから変化することによって成長し、その結果、仕事のスキルも上がっていく——ユニ・チャームではこの「変化価値論」をとりわけ重視しています。発想を改める、課題を強化する、新しい方法を取り入れる、古いやり方を捨てる……いまの自分を変えることを恐れていては人間は成長できません。

なんでもいい、一つでいいから、
今日は昨日よりも新しくなり、
明日は今日よりよく変化していこう。
「日々新た」に変わっていくことを
自分の変わらない指針にする。

あらゆる変化は成長であり進歩である。そう言い聞かせて、毎日の自分の仕事に励みましょう。先ほども述べた、「日々新たなり」は私の座右の銘の言葉です。「まことに日に新たに、日々に新たに、また日に新たなり」（『大学』）――今日の行いは昨日よりも新しくよく、明日の行いはその今日より新しくよくなるよう心がけよ、そういう教えです。

いつも昨日とは違う新しいこと、新しい方法、新しい意識、新しい行動、一つでもいいから、そういう変化を今日につけ加えて、実践行動していくことが人を驚くほど伸長させるのです。

四十年前、それまでにない新しい商品、新しい価値、新しいビジネスを世の中に提供して社会や人の変化成長の手助けをしたい。その使命感をもとに、私はいまの仕事を始めました。四十年後の現在も、日々新たに変化していく動きを止めるつもりはこれっぽちもありません。新しく「変わることだけは変わらない」人生を、あなたにも送っていただきたいものです。

わが社は世界でもっとも早くパンツ型の紙オムツを製造発売し、世界のディファクト・スタンダードにしました。

周囲の協力なくして
いい仕事はできない。
理解、納得、共感、信頼、期待を
相手の心に抱かせて、
人の協力を得る求心力を身につけよ。

仕事は一人ではできません。少なくとも人の協力なしでいい仕事をすることは不可能です。「この人となら一緒にやれる。一緒にやりたい」。周囲にそう思わせることがよりよい仕事に不可欠なのです。

そのためには、周囲に対してわかりやすい伝え方で理解を得、具体的な指示によって納得させ、相手と同じ目線に立って共感を持ってもらい、ともに目標達成に向かうことで信頼を築き、成果や成功体験を共有することで、この人ならという期待感を相手の心に醸成するというステップを経ることが大切になってきます。

この理解―納得―共感―信頼―期待のサイクルによって、「人の協力を得る力」が備わってきます。そして、こうした求心力が身についてくると、おのずと人が自分の周囲に集まってきて、あなたの仕事のレベルを自然に押し上げてくれるのです。この人と一緒にやりたい――そんな思いを人に抱かせる人間でありたいものです。それはリーダーシップの本質でもあります。そしてその都度、相手に感動を与えるような対応力まで高めていきましょう。

第二章のまとめ

この章を通じて私がお伝えしたかったことは、貴重な時間を使うのだから、みんなから「いい仕事をしたね」と感じてもらおうということです。その積み重ねが自分自身を成長させ、人からの信頼・期待・感動を得ることにつながります。人はみな相応の仕事を持っています。仕事で成功するコツは、仕事を「好きになる」「お客さま志向」「つねに変化する」「成功するまで継続する」ことです。

第二章のキーワード

「仕事好き」「プロ意識」「オーナーシップ」「自己ベスト」「お客さま志向」「とにかくやる」「変化価値論」「日々新たなり」「信頼・期待・感動を」

やってみるコツ

- 毎日かならず一つ相手に感謝されると思われる「初めて」のことにチャレンジする。
- いいなと思ったことは、まずやってみる。
- 苦しいときこそ「たら」「れば」をいう前に、先回りしてよい結果をイメージする。
- 株式会社○○（自分の名前を入れてください）代表取締役社長という名刺をつくって最後まで責任を持ってやり遂げる覚悟で仕事に当たる。
- 自分の仕事の顧客リストを作成し、その人たちに「ありがとう」といってもらえる仕事に集中する。

第三章

人生の節目を意識し五つの年代を充実して生きる

――行動から継承の年代・豊かでいい時間・共感感動――

空を飛びたいと強く願った人が
いちばん最初に飛行機をつくる。
まず「かくありたい」と願望せよ。
志が成功への先駆となり、
生きる目標、生きる元気ともなる。

志は船の舵のようなものです。志を抱かない人は〝くつわ〟をはめていない馬のように頼りなく、ふらふらして進路が定まりません。「かくありたい」という願望が生きる目標や方向を決め、生きる元気や気力の源ともなるからです。いちばん強く空を飛びたいと思った人が飛行機をつくります。まず、こうしたいと願わなかったら、なることもなりません。「そうは思うが、現実にはむずかしいよ」と考えた瞬間から、到達点はどんどん遠ざかってしまうのです。人は自分が信じてもいないことに力を注ぐことはできません。私も実父で先代会長の介護を通じて、大人用失禁用品開発の必要性と使命を実感し、世界最高品質の商品を世に出そうという、高い目標を持ったことを昨日のことのように思い出します。それは六十歳のときでした。

葛飾北斎が『富嶽三十六景』を描いたのは七十三歳のときで、さらに「九十歳にしてなお奥意を究め、百歳にして神妙ならん、百有十歳にして一点一画にして生きるが如くならん」と志を語ったといいます。志を立てるのに遅すぎることなどないのです。

人生を充実して生きるには
時期や年代ごとに区切る知恵がある。
ただし死ぬまで勉強を怠るな。
生涯一書生の姿勢を忘れず、
学びつづけることが
老いても人を若く保つ。

インド人は人生を四つの期に分けるといいます。勉強にいそしむ修学期。結婚して生活の基盤を固める家住期。家を出て森に入り宗教的思索を深める林住期。聖地を巡って死に備える遊行期の四期です。

また中国には、有名な「人生の五計」があります。いかに生くべきかの生計。いかに身を立てるかの身計。いかに家庭を営むべきかの家計。いかに老いるかの老計。いかに死すべきかの死計。これはかつて安岡正篤さんがよく引用されていた説です。私も人間が成長、成熟していく過程を、行動―知恵―リーダー―支援―継承などと年代別に分けて考えています。

しかしそれはそれとして、人生は死ぬまでずっと修業期であるともいえます。「若くして学べば壮にして為すあり、壮にして学べば老いて衰えず、老いて学べば死して朽ちず」(『言志四録』)。人生は棺桶のふたが閉まるまで学ぶことの連続、人の一生は端から端まで、何者かになるためのプロセスなのです。だから「生涯一書生」の謙虚さと気概を持って生きていく必要があります。

私は、ユニ・チャームグループ内で自他ともに認める教育魔であります。会社にいる時間のうち、八割方はだれ彼となく相互啓発しています。

素直は人間最良の徳性。
素直が人を強く聡明にする。
悩むべきときには悩めばいい。
迷うときにはおおいに迷え。
そのときその場を素直に生きよう。

素直に生きること。それが人の心を豊かにし、人生を充実させる最良の徳であると思います。素直であれば、能力に乏しくとも、人間はまっすぐに伸びていけます。素直さは人を聡明に、また強くするからです。

素直であれば、物事の実相がおのずと見えてき、それに基づいて、いま何をなすべきか、何をなすべきでないかもわかってきます。逆に、自分の利害や感情、知識や先入観にとらわれたとき、物事をありのままに見る素直な心の発露が阻害されてしまう。素直さを失ったとき、それが逆境のときであれば人は卑屈になり、順境のときであればうぬぼれや傲慢を生むのです。

「雨の日には雨の中を、風の日には風の中を」——相田みつおさんの言葉です。悩み、迷うべきときは、人はおおいに悩み、迷えばいい。そのときその場の状態や境涯に応じて、そのときその場の心によって、一つひとつ素直に生きていくこと。それが人をいちばん遠く高くまで運ぶ。私はそう信じています。

素直な自分の心は、みずからそのときその場の進むべき方向、やり方を気づかせてくれます。外なる刺激と内なる欲求を最大に生かせます。

出会う人、出会うもの、
みんな自分の先生である。
素直に学ぶ心を持って、
人からおおいに学び、
人間の分母を大きくしよう。

パソコンの扱い方を秘書の女性社員から習うとき、彼女は私の先生です。おいしかった夕食のレシピを家内にたずねるとき、家内は私の師匠です。茶髪の若者が街で道を教えてくれたなら、彼は私の教師です。つまり私たちが出会う人、それはみんな私たちの師匠なのです。

私以外の人間は、私が経験していない成功や失敗、喜びや悲しみをかならず体験しているものです。したがって自分以外の人はすべて、自分にとって有益な教材であり、知恵の引き出しともなるのです。素直な心を持てば、人は何からも、だれからも学べますが、学ぶ心がなければ、隣に孔子がいても何も学べません。

自分一人で学ぶことは人間の「分子」を大きくし、人から学ぶことは人間の「分母」を大きくします。だから師を持たない人は分母が小さいまま頭でっかちになりがちです。会う人みな師匠の素直な心を持って、人間の分母を大きくし、それを土台に、分子も大きく成長させていきましょう。

外部の環境から学び取る感性を豊かにしましょう。

悩みや迷いごとがあるから、
人生は味わい深い。
壁にぶつかったときこそ、
逆境なおよしと腹をすえて、
自分を磨くことを心がけよ。

長い人生においては、逆境またよしと感じる強い心。そして転機を勝機と考えられるやわらかい目を持つことが肝要です。何の心配もなく恐れもないまま、生きていければ人生は安泰、きわめてけっこうなことですが、現実には、そうはうまくいきません。つねに何かの心配ごとがあり、悩みや迷いは尽きることがないのです。

私は、事業を始めて間もない時期に大口のお得意先が倒産し、先方からいただいた手形が不渡りになる経験をしました。このときは、そのお得意先の社長宅に三日三晩通い詰め、誠意を示したことによって全額回収に成功しました。このような経験を通じて、何事も諦めずに、誠意を持って取り組めばかならず好転するという信念と、どのようなつらいときでも「自分を成長させる良い試練」と考える、前向き発想を得たのです。

困難に直面しても恐れず、壁にぶつかった苦しい時期にこそ、「順境よし、逆境ならなおよし」――そう腹を決めて自分を磨き、知的な蓄積に努めることです。そのことが転機を勝機に変える力となり、新しい道をひらくきっかけとなるのです。

ケタ違いの努力をすれば、
才能などなくても凌駕できる。
努力なんて当たり前のこと。
努力という言葉を必要としない
努力こそが本物の努力だ。

私は大学を卒業してすぐに入った製紙会社で、営業を担当しました。そのときは、朝六時から夜十時まで土日も休まず毎日働きました。しかも、ただ単に長時間働くわけではなく、商品開発の過程や、自社製品の特長や競合品との違いをこまかく調べ、他の営業員が考えもしなかった、視点・切り口を盛り込んだセールストークや商談ツール等をみずから開発しました。これらの工夫と情熱が実を結び、売上げを急拡大させた経験が、経営者としての今日ある私の原点なのです。

何かを習得しようとしたら、ケタ違いの努力をすべし、です。ケタの違う努力をすれば、才能のあるなしに関係なく、確実に何かが得られるものだからです。努力します、がんばってみます、精一杯やるつもりです。こういう「未遂の言葉」をいったん脇にどけて、とりあえずだまって、懸命な思いでやってみましょう。

つかむべきものはだまってつかむし、行くべきところには万難を排してでもさっさと行くでしょう。つまり努力という言葉を必要としない努力こそが本物の努力なのです。

鋭さは同時にもろさでもある。
長所を過信しないのと同時に、
欠点を意識しすぎないことが大切。
弱点は強さへの契機ともなる。
欠点が魅力的に見える人間になろう。

パンチ力の強いボクサーほどこぶしを痛めやすいといいますが、これはとても興味深い事実です。もっとも鋭利な錐がもっとも折れやすいように、「長所が災いする」ことも人生には往々にしてあるのです。

人材育成のコツは、欠点を直すよりも長所を伸ばすことにあります。だからといって長所にだけよりかかっていると、思わぬところで足をすくわれることになりかねません。自分の長所を心得ながらも、それを過信しないことが大切なのです。

同時に、自分の欠点はよくわきまえつつも、その弱点にこだわりすぎないこと。人は欠点の自覚をきっかけとして伸びていくことができるからです。また人は、欠点によって人から愛されるということもあります。欠点を出すまいとして持てる力をセーブしてしまうのは、いかにもつまらない行為ではないでしょうか。

弱点を隠したり、無理に直そうと努力するなかれ。それよりも欠点さえ魅力的に見えるような人間になりたいものです。

私はまず相手の長所を認め、短所も生かせるように努力しています。

経済的豊かさの次に
どんな豊かさを求めるべきか。
心の豊かさは充実した時間が生む。
人の倍、給料を稼ぐより、
人の倍、中身の濃い人生を生きよう。

水道のようにまんべんなく万人に物質的な豊かさをもたらす――松下幸之助さんの水道哲学がほぼ実現されてしまったいま、私たちはそれに代わる「新しい豊かさ」を見出しあぐねているようです。

心の豊かさ、それは充実感や達成感からもたらされるものだと思います。対象は仕事でも趣味でもなんでもいい。それをしているときがいちばん楽しい、十分な手ごたえが感じられる、自分がもっとも自分らしくいられる。そういう充実した「いい時間」を過ごすことが大切です。

時間というのはふやすことはできませんが、「厚く」することはできます。したがって、密度の濃い時間をいかにたくさんつくっていくかが、これからの豊かさや幸福のためにきわめて大きな要因になってきます。

私は世界旅行を青年期・壮年期・老年期と三回繰り返し、世界の歴史やすぐれた人物の伝記を十分研究しました。最近では、政府の委員・財界の役員・業界団体の役員・会社のトップと、一人四役で充実した時間を過ごしています。ほんとうの豊かさとかゆとりは、こうした充実した時間の蓄積から生まれてくるのです。

お金は幸せの必要条件だが、
十分条件ではない。
お金に人生を左右されるのはやめよう。
お金があってもなくても、
私たちは幸福になれる。

私は企業人ですから資本や利潤の大切さは人一倍わかっているつもりです。ただし、資本さえ潤沢なら事業がうまくいくかといえば、当然ながらそんなことはありません。お金は重要な経営資源の一つですが、それ以上のものではないからです。

同じことが、お金と人間の幸福の関係についてもいえます。つまり、お金は成功や幸福のための必要条件の一つではあっても、十分条件ではないのです。お金で幸せは買えない。いや、お金さえあればなんでも手に入る。世の中には両論ありますが、どっちに偏ることも正しくありません。

お金は人生でうんと大切なもののうちの一つです。ただし、あくまで幸せに生きるための「必須の道具」にすぎません。重要な道具だから大切に扱わなくてはなりませんが、道具だけあっても目的は達成されないのです。

だから私たちは、ぜいたくも味わう一方で、「もったいない」の精神も忘れない心がけが肝要です。先人は、「人を残すは上の上、名を残すは中の中、金を残すは下の下」という言葉を残しています。

「足るを知る」心は
幸福へ近づく一里塚である。
あれもこれもと欲張らず、
何かを得ようと思ったら、
別の何かを捨てることが必要。

社外の人からは、会社の規模が大きくなったのだから自社ビルの本社をとすすめられていますが、わが社は昭和四十八年の入居以来変わっていません。私は仕事をするうえで、いまのオフィスで十分事たれりと思うからです。

アランという哲学者が、「寒さを耐えるには寒さに満足することだ」といっています。東洋ふうにいえば「足るを知る」ということでしょう。実際、「知足」の知恵は幸福への近道であるかもしれません。「心足らば身は貧にあらず」（白楽天）。逆に、満足を知らず、もっともっとと欲張る気持ちが、私たちをいつまでも貧や不幸にとどめてしまいます。

取捨選択も大切な心得の一つです。何かを得ようとしたら、別の何かを捨てる必要があります。古いものから脱皮しないと新しいものは生まれません。この、得るために捨てる「トレードオフ」の考え方もまた、人生を巧みに生きる知恵といえましょう。

足るを知るとは「時を待つ」ことでもあります。物事にはかならず時機があります。悪い時が過ぎれば、かならずよい時がくる。だから、いま時を得ない人もあせらずあわてず、力を蓄えながら静かに時を待つことです。

大きく多様な力を持ちながら、
絶えず自分を低いところへ運び、
自在にかたちを変えながら、
いっときも停滞しない水のように生き、
成長していきたい。

「上善は水のごとし」といいます。水が最善の上である理由にはいくつかあります。

一つには、万物に利を与えている点。水がなければ生き物は存在できません。それほど大きな存在でありながら、水が他と功名を争うことはありません。それどころか他の汚れを清め、他を動かす力も持っています。

二つには、人間が一歩でも高い位置を望むのに、水は反対に低いところ、低いところへおのれを運んでいく。力を誇示せず、あくまで謙虚な存在です。

三つには、低いところへいくごとに、谷川から大河、さらに大海と大きな存在になっていく。

他にもあります。岩も打ち砕く巨大なエネルギーを持ちながら、ふだんはその力を秘めていること。つねに自分の進路を求めてとどまることがない。ときに氷となり霧となり、そのかたちを自在に変える柔軟な変化対応力――これら水の持つ多様な「則」を一つでも身につけることができれば、人間も上善、つまり理想の生き方に近づけるはずです。

人は生まれてから死ぬまで、
ゆっくりとでも
成長しつづけるものと信じたい。
だから、十年単位でよりよい目標を
いつも心に念じたい。

私は、「吾十有五《われじゅうゆうご》にして学に志す。三十にして立つ。四十にして惑わず。五十にして天命を知る。六十にして耳順《みみしたが》う。七十にして心の欲する所に従へども、矩《のり》を踰《こ》えず」で有名な孔子の『論語』の「為政第二」がとても好きです。そして、これほどハッキリと人生のテーマを十年単位で示したものはないと思います。

私も小学生のとき、母親に三番で満足したことを怒られ勉強に打ち込むきっかけをもらったことや、二十九歳で創業し、四十代まではわき目も振らず死にもの狂いで働いたこと。そして業界・国益まで思慮が及ぶようになったのは五十を超えてからですし、若い社員の意見をだまって聞く余裕ができたのは六十から、と驚くばかり孔子の指摘どおりでした。

今年（二〇〇三年）、六回目の年男を迎え、いよいよ「七十にして心の欲する所に従へども、矩を踰えず」の心境にさしかかりました。

この先は、狂歌の「七十、八十鼻タレ小僧、八十、九十が働きざかり、九十がきて迎えがきたら、百まで待てと追い返せ」に挑戦します。

人生は登りつづけるもの。
しかも負荷をかけて
鍛えながら登るもの。
だから自分の心も前向きに
打たれ強くなりたい。

もう一つ私の好きな言葉に、徳川家康公の「人生は重き荷を背負うて坂道を進むがごとし。急ぐべからず。不自由を常と思えば不足なし。心に望みおこらば困窮したるときを思い出すべし。忍耐は無事長久の基。怒りは敵と思え。勝つことばかりを知って負くることを知らざれば害その身に至る。おのれを責めて人を責むるな。及ばざるは過ぎたるより勝れり」があります。

あれだけの人生の成功者であった家康公だからこそ、つらいときの体験を世渡りの栄養にして歯を食いしばって乗り越えることによって、勝利を手にすることができたのだと思います。さらに、「坂道を進む」の部分が「いつまでも登りつづける」「成長しつづける」を意味して、とても好きなのです。

松下幸之助翁は明治二十七年生まれで、松下政経塾を設立されたのが昭和五十四年、八十四歳のときです。昭和五十七年一月、松下電器の経営方針発表会の席上、七千三百人の幹部を前に、高橋荒太郎氏の「人生、いつも原点に返れ」のテープを聞かせて、「人間、調子にのったらあかん。テープのいうとおりだと思う人は手を上げよ」といったところ、全員が手を上げるのを見て、「これが松下や、安心した」といいます。

第三章のまとめ

この章を通じて私がお伝えしたかったことは、心の持ちようによっては、どんなことでも自分自身の成長に役立てられるということです。はた目から見て、取り留めのないことでも、自分自身で「生かそう」と思えばかならず何らかの価値を得られます。

大切なのは、つねに自分自身に嘘をつくことなく、「昨日よりも良い今日、今日よりも良い明日」を送ることだと思います。

第三章のキーワード

「高い志」「倍の目標」「年代ごとのテーマ」「会う人皆師匠」「転機は勝機」「人の倍やる努力」「足るを知る」

やってみるコツ

●毎年、元旦に「なりたい自分像」について一年後、三年後の計画を大胆かつ詳細に書き出す。書き出した内容を目につく場所に貼り、毎日「少しでも近づくことができたか？」と自問自答する。

●人から話を聞くときは、「良い話を聞かせてもらっている」と思いながら聞く。聞き終わったらどんな内容であっても「ありがとう、参考になりました。また聞かせてください」といおう。

●どんな人と出会っても、その人の良いところをかならず見つけて、真似る努力をする。

第四章

厳しさと達成感の繰り返しでリーダーとして生きる

――共振の経営・リーダーシップ・リスクテイキング――

売れない時代にモノを売る。
そのキーワードは
「感動」と「顧客志向」にある。
事業経営も感動をベースに
行われなくてはならない。
経営者はだれよりも感動人間であれ。

「感動」が売れる時代であると思います。東京ディズニーランドのように、弁当の持ち込み禁止という不便をしいても、そこに感動があればユーザーは足を運んでくれる。安さや便利さだけでなく、元気や興奮、喜びや思い出といった付加価値が人の心を動かすのです。そこまで消費者の感度は高まり、消費行動が成熟したということでしょう。

ユニ・チャームもまた、ナプキンや紙オムツの新製品を出すときには、「吸収力」や「肌ざわりのよさ」等で従来の商品とまったく違っているな、という感動を消費者に提供しているつもりです。メーカーであれば商品に感動を込める。小売りであれば感動を消費者にじかに手渡す。すべての事業経営は感動をキーワードに行われる必要があり、感動がない人間は事業に携わる資格がない。私はそう考えています。

なかんずく経営者は、日々「感動」を持って、全知全能をかけて自分の仕事に打ち込まなくてはなりません。社員やユーザーに感動の波を広げる、その最初の一石を投じる使命が経営者にはあるのです。

感動を遠くまで伝えるには、
一人ひとりが共鳴体となると同時に、
振動の発信体ともなって、
自発的に行動しなくてはならない。
その「共振の経営」が理想。

経営者がいくら大きな石を投じても、波（バイブレーション）の伝わる範囲には限度があります。感動という振動力をできるだけ遠くまで、つまり消費者の手もとまで届けるには、やはり社員一人ひとりが「うん、そうだな。そのとおりだ」と共鳴してくれなくてはなりません。

いや、共鳴するばかりでなく、それぞれが自律した振動体となって、自「発」的に「発」信し、各自の能力を最大限に「発」揮し、個人も会社も「発」展しつづけなくてはなりません。この「発」の姿勢がなくては、ユーザーや社会にまで感動のバイブレーションを広げることはできないのです。

みずから発し、また共鳴すること。これを私たちユニ・チャームでは「共振の経営」と呼んでいます。一人ひとりが震源となり、その個々の振動がより大きく会社「全」体で共鳴し合い、さらに会社の外にまで広げていく。そうした共振の経営を実践し、また企業文化を創造することを大きな目標としているのです。現社長は「発」「全」をその年々の方針にしました。

「もう」といいたいときに、
「まだ」といってみると、
それだけで気持ちが前向きになる。
言葉には意識を変える力がある。
自分のテーマを言葉にしてみよう。

ユニ・チャームには語録手帳があり、そこには企業活動や毎日の仕事において社員の行動原則や行動指針となる、二百余にのぼるさまざまな言葉が簡潔に記されています。この手帳を社員に配布して、日々の活動心得として役立て、「Plan-Do-Check Next Action」のサイクルに活用してもらっています。

私は言霊《ことだま》を信じています。言葉の力はとても大きいものです。言葉は意識の反映ですが、逆もまた真なりで、言葉が人の心を動かし、思考や行動を変える力を内在しているのです。「もう」といいたくなったときに、「まだ」といってみると、それだけで積極的な気持ちがわいてきます。言葉が心をつくり、気持ちを明確にし、意欲を増すのです。

だから自分の課題なり目標を、短く言葉にしてみることをすすめます。それがあなたの思考の基点、進むべき方向の指標、行動の指針となり、さらには、あなたを動かす推進力にもなってくれるでしょう。「明日にしよう」といいたくなったら、「今日やろう」といい直してみてください。

会社の存在価値は
事業を通じた社会貢献にある。
つねにお客さまの要望を満たし、
お客さまに尽くしつづける。
そうすれば利益は後からついてくる。

仕事の価値、会社の存在意義は、お客さまの要望にどれだけ応えられたか、企業としていくら収益が出せたかの二つによって決まるものだと思います。つまり、企業は単なる利益追求集団であってはいけない。事業を通して、人や社会に貢献する気持ちがなくてはなりません。利益は追求するものではなく、一生懸命お客さまに「尽くした」後からついてくるものだと思うのです。

宅急便の生みの親である小倉昌男さん（元ヤマト運輸会長）は、「サービスが先、利益は後」を社員に徹底させたそうです。ファミリーレストランでは子どもの注文から先にテーブルに出す例もあります。こうしたお客さまの満足を最優先する姿勢が——結果的に——その会社に利益をもたらし、企業の社会的価値を上げるのであって、利益が直接名誉を運んでくるのではありません。利を得ようとしたら、まず、人の利を図れ、です。「尽くしつづけてこそナンバーワン、オンリーワン」。この奉仕の姿勢を忘れたくないものです。

私も、正しく変化したぶんが存在価値であり、出来栄えの未熟さの原因のすべては自分にありの姿勢で日々生活をしております。

企業コンプライアンスの基本は
「誠実な」企業活動を怠らないこと、
真の顧客満足を提供しつづけることだ。
誠実さが社会的信用を生み、
企業のブランド力ともなる。

企業の不祥事が続いて、コンプライアンス（法令遵守）ということがいわれ始めました。会社が法律や倫理を守るのは当然のことですが、私はコンプライアンスをより広い意味でとらえ、〝正しい企業行動〟の基本骨格は「誠実さ」にあると考えています。

いい商品に適正なサービスを付加して、なおリーズナブルな価格で市場に提供する。それによってお客さまに満足を与える。こうした地道な行動を絶えることなくこなしていけば、企業の倫理責任というのはおのずと果たせるはずです。「自分の娘を嫁に出すつもり」で商品を売り、またお客さまからの苦情があったら「にこやかな小児科医」のようにていねいに対応する。それがとりもなおさず、最良のコンプライアンスになると思うのです。

誠実さを企業ブランドに結びつけることも可能です。ブランド力というのは商品の質やイメージだけを意味しません。企業の誠実さに対するお客さまや社会の信頼感、それも大きなブランド力になるからです。

そのような考えと行動力、発進力の集積がブランド力だと信じています。

理屈はいつも死んでいる。
ＩＴ時代だからこそ
現場、現物、現時点でじかに触れ、
人と直接コミュニケーション
することの重要性が増していく。

書類だけが山と積まれ、肝心のモノ（現物）を目の前にしていない会議は空論が多いようです。情報や数字ばかりに基づいて、データに表れないマーケットの空気や気配を体感していない決断は、失敗に終わることが少なくありません。現場に精通した現役の担当者の意見を聞こうとしない経営者は、いずれ裸の王様になるのがオチでしょう。

現地、現場、現物、現品、現状、現実。これらの「現」を忘れたり、おろそかにしたり、無視したビジネスというのは、リアリティを失って、やがて失速してしまいます。勝海舟のいうとおり、「世間は生きている、理屈は死んでいる」からです。私自身も経営者として、「現」離れ、「現」忘れ、「現」飛ばしを、つねに自分に戒め、たとえば、新製品の説明を受けたときには、商品を分解し細部に至るまで担当者を質問攻めにしています。

ＩＴ時代であっても、現場や現物との直接的、アナログ的な接触やコミュニケーションの大切さはいささかも減じることはありません。いやむしろ、ＩＴ社会とは機械ではなく、現実の「人」によってこそ支えられ、実現されているのではないでしょうか。

リーダーシップの最大の役割は
いかに部下をその気にさせるかにある。
緊張感がありながら、
一体感の持てる環境を用意して、
部下の元気と意欲に火をつける。

経営者、つまりリーダーの役割にはさまざまあります。たとえばソニー会長の出井伸之さんは、ビジョン（方向性）を示す、中長期にわたる方策を提示する、短期目標を与えてそれを成功させる、部下を説得する。そして、これらを「ほどよく」機能させて、一人ひとりに達成感と感動を与えることが経営者の責務だといっています。

どれもすぐれたリーダーシップには不可欠の条件といえましょう。私は「部下が仕事をしやすい環境をつくること」にリーダーシップの根幹があると思っています。簡単にいえば、いかに部下にやる気になってもらうかということです。部下の意欲、元気にどうやって火をつけるか。そして、いかに部下に仕事を成し遂げさせて達成感を与えるか。これができれば、リーダーの役目は八割方すんだといってもいいのです。

公平でかつ緊張感がありながら、喜びや悔しさ、成功も失敗も共有できる一体感。こうした矛盾しがちな二つの環境を、「ほどよく」用意して、部下のやる気を促すこと。そこにリーダーの最大の役割があります。

冷たい水にまっ先に飛び込み、
率先して泥をかぶる覚悟を決めよ。
その必死で真剣な思いが
おのずと人の心を動かし、
周囲にも伝わっていく。

リーダーシップをことさらむずかしく考える必要はありません。人よりたくさん汗をかき、人一倍頭を使い、いちばんつらい仕事を引き受ける。それができる人には、だれにもリーダーの資格があるのです。

いまも勘違いしている人が少なくないのですが、地位が上がれば仕事は楽になるという考えがあります。実際、日本の会社組織では、上に行くにしたがってものを考えなくていい仕組みになっているところが多い。しかしこれはまったく間違っていて、創業経営者ならわかっていることですが、リーダーがもっとも苦労し、悩み、冷たい水にまっ先に飛び込む必要があります。

地位の高さと責任の重さは比例するものです。このことをよく肝に銘じて、つらい仕事を率先して引き受ける覚悟、何かあったら自分が泥をかぶる覚悟を決める。そうすればおのずと人の心を動かすことができ、あなたの思いは周囲に伝わっていくはずです。人は人の真剣な思いを無視しつづけられるほど「強い」存在ではないからです。

まず「隗《かい》より始めよ」で、率先垂範がリーダーシップの最初のステップです。

すぐれた人間は下問を恥じない。
自分よりも年下の人間、
地位の低い人、能力の劣る人、
だれの意見にも謙虚に耳を傾け、
だれからも学ぶ姿勢を持つべきだ。

『論語』に「下問を恥じず」という言葉が出てきます。孔子が、ある一人の弟子を「敏にして学を好み、下問を恥じず」と評したのが出典となっています。

その弟子は賢くて先見性があった。とかく頭のいい人間は、人の話を聞こうとしないものですが、その弟子はだれからも学ぼうとする姿勢が強く、自分より地位の低い人、能力の劣る人、年下の人間にも恥ずかしがらずどしどし質問して、わからないことは謙虚に教えてもらった。これを「下問を恥じず」というのです。

私も、新聞や雑誌で見聞きする意味不明の若者言葉を、若手社員に直接聞いたりもします。すぐれた人ほど年下の師匠から学ぶことができ、自分より若い人の話に謙虚に耳を傾けられる資質を有しているものなのです。下問を恥じない人間にリーダーの資格あり。部下とコミュニケーションをとる場合なども、下の人間が上へ出向くより、上の人間が下へ降りてきたほうが効率的で、効果的なものです。

そんな態度を自分の誇りの一つに加えると、人生は楽しみが広がります。

組織で働く人にも
ベンチャー精神が必要だ。
名刺でなく実力で仕事をせよ。
変化を厭わず、リスクを恐れるな。
進む者はみずから切り拓く。

創業経営者として、ベンチャースピリットの要諦を聞かれる機会も多いのですが、いちばん肝心なのは、「リスクテイクを恐れない」ことだと思います。仕事へのしつこいほどの執念、強力な意志、挑戦しつづける心、絶えず危機意識を持ちつづけること。こういう起業家精神を、組織内で働くビジネスマンにも忘れてほしくないものです。

大学をいい成績で卒業して一流企業に入った人は、変化を厭い、名刺で仕事をし、社内政治にやたらと気を使い、組織への寄りかかり意識が強いという特徴が見られます。そうして外の世界を知らずに、社内競争に明け暮れている——こんな大企業の安定志向は百害あって一利なしです。

みずから変化を起こし、「一国一城の主」感覚を持ち、自分で課題を発見・解決し、おのれの力で進むべき道を切り拓いていく。勇気ある挑戦。そんなベンチャー精神が会社で働くすべての社員にも必要なのです。私は、毎朝「今日やること十項目」をメモしてから会社に行き、帰宅後に一つひとつの項目について「できた、できなかった」を確認することによって、達成感を味わう努力を継続しています。

身近な友人から
人生の目標となる人物を見つけよう。
その人から学ぶべき具体的な考え方や
行動の仕方を真似しよう。
そんな「刺激的」な友人を
持っていますか？

もし、自分自身でニックネームをつけるとすれば、「ミスター前向き」にしたいと思うぐらい、私は「前向き」でありつづけたいという強い願望を持っています。それが私の生きる活力なのです。

しかし、人間が自分一人で努力しつづけるのには限界があります。できることならば、同じ考え方を持った友人、また違った価値観の人たちとも一緒に生き、切磋琢磨したいものです。

不思議なことに、そう思いつづけると周りにはなぜか「前向きな人」が集まってくれる幸運に恵まれるようです。たとえて挙げるならば、起業家としてもっとも尊敬している稲盛和夫さん、政治から経済分野まで幅広い活動を行っている大前研一さん、経営指導に精通しみずからも起業家である堀紘一さんの三氏はつねに私の目標でしたし、これからも目標にしたい方々です。この方々と「前向き度」を競い合っているからこそ、いまの私があると感謝しています。

あなたも具体的個人名を挙げて、その人に感謝しながら、考え方、行動の仕方、プレゼンテーション力を真似しましょう。

第四章のまとめ

この章を通じて私がお伝えしたかったことは、「楽《らく》」を追求する風潮が強いなかであえて「苦」を考えてもらいたいということです。非凡な成果を手にするには、みずからが率先して火中の栗を拾ったり、虎穴に入る勇気が必要だということです。第三章・第四章でいっている「尽くしつづける」「徹底的に考える」「成果が出るまでやめない」といったことは特別な才能がなくても、やる気さえあればだれにでもできます。

第四章のキーワード

「感動を売る」「共振の経営」「発」「即実行」「尽くしつづけてこそナンバーワン」「リーダーシップ」「率先垂範」「学ぶ姿勢」

やってみるコツ

●自分自身あまりよくないことだと思っている習慣を見直してみよう。たとえば喫煙の習慣のある人は禁煙にチャレンジしてみてはどうか？　習慣を変えることで「人生」が変わるという体験をしてみよう。

●自分が「こうしたい」と思うことはかならず言葉にして、周りの人々に伝える。そして、口にしたことはかならず即実行する（有言実行こそ主体的に行動したということです）。

●自分の仕事の「お客さま」にかならず毎日一回以上「お役に立ててますか？」と問おう。

第五章

人間好きとして人と人との間で生きる

——友人・家族とのきずな・女性の味方——

人と人の間に優劣の差はない。
あるのは個性の違いだけである。
みんな違っていて当たり前。
人それぞれの多様性を尊重しながら、
自分固有の個性を築こう。

人と人の間にあるのは、能力の差ではなく個性の違いです。人はそれぞれみんな違っていて、それで当たり前なのです。そのことへの理解が足りないと、違いが差のように思えて、やれ間違っているのはそっちだとか、オレのほうが正しいという不毛の議論が始まってしまいます。

私とあなたの、どっちがいいのでも悪いのでもない。正しいのでも正しくないのでもありません。「違う」ということを優劣の差ではなく、多様性としてとらえることから人と人のコミュニケーションは始まり、深まっていくのだと思います。

その違いを認めたうえで、自分のなかに独自の「固有性」を持つように努めることが大事です。みんな違っていて当たり前。だから人は互いに理解し合おうとコミュニケーションに努めるのです。でも、人をわかろうとする努力が自分の個性を殺すことになってはいけません。個性的でありながら、多様性も失わない——和して同じない人間関係を築いていきましょう。

個性を認め合って、理解・納得・共感・信頼・期待の関係を持ちましょう。

一人の友は一塊の黄金にも勝る。
喜びを倍、悲しみを半減してくれる。
生涯の友を得るには、
その友にふさわしい人間に
あなた自身がなる必要がある。

親や家族にもいえないことを打ち明けられる友人がいるなら、人生は祝福されたものになるでしょう。友に恵まれるのは人生の大きな幸せの一つです。

親や子どもは自分で選ぶことはできませんが、友人は選ぶことができます。中国では古くから「益者三友、損者三友」といって、つき合ってためになる友は、剛直な人、誠実な人、教養のある人であり、ためにならない人は、易きにつく人、人あたりばかりがいい人、口先だけの人とされています。

もっとも、ほんとうの友とは、選ぶものではなく、ふだんの関係のなかから水がにじむように自然に「できる」もので、いい友を得ようとしたら、まず、自分がその友にふさわしい人間になる努力が必要でしょう。

「友人は第二の自己である」とはアリストテレスの言葉です。若い人はお金やものよりも、まず友人を得られるよう努めてください。生涯の友はあなたの人生の喜びを倍に、悲しみを半分にしてくれる存在だからです。

良き友人づくりと、その友人にふさわしい人間に自分がなること。これはほんとうに大切なテーマです。

友人であった故・開高健からは、
繊細さをオブラートにくるむ
人間らしいユーモアを学んだ。
鋭さはあまり表に出さぬがいい。
よき細工には少し鈍き刀を使う。

「人間らしくやりたいな、人間だものな」。かつて、このサントリーの名コピーを書いた故・開高健は私の学生時代の友人でした。後年は恰幅《かっぷく》がよくなりましたが、当時は青白くやせた文学青年で、後の活躍が約束されたように詩才文才とも他を抜きん出ていました。

しかし私が開高から学んだのは、その秀でた才能や繊細な神経をむき出しにしないユーモアのセンスでした。鋭敏すぎるほどの洞察力を抜き身のままでなく、いつもユーモアや機知という鞘《さや》に収めて彼は世間を歩いていました。有名な大声も、自分のまじめさややさしさへの一種の照れ隠しであったと思います。その意味で、彼はじつに「人間らしく」生きて、死んだ男でした。

人間、あんまり鋭すぎるのも考えものです。よき細工には少し鈍き刀を使うといいます。鈍さを装うことで人間関係が円滑に進む場合も少なくありません。鋭い人は少し角を削って、丸くなりましょう。そういうことを教えてくれたのも、友人・開高健でした。そんな人物を生かした名経営者が佐治敬三さん（元サントリー会長）でした。かならず人と人との組み合わせはできるものです。

人は順調なときに真理から遠ざかり、
逆風のときにもっとも真理に近づく。
現在の危機的状況にあって
家族の価値を再発見した人が多い。
身近なところから
家族のきずなを強めていこう。

人は順調なときに、人生でいちばん大切なものは何か、価値あるものとは何かということを、立ち止まって考えることはあまりありません。たとえば、かつての高度成長時代やバブル期がそうでした。でもそれは、ほんとうは不幸なことです。

反対に不幸な状況に置かれたとき、人間は自分の存在意義を見つめ、深いところで「おのれの拠るべきもの」を考えざるをえなくなります。逆境が人を思索に導き、真理に目覚めさせるのです。多くの人が「家族」を再発見しているようです。家族のきずなに改めて価値を見出し、個人ではなく家族を一つの単位として、肩を寄せ合って生きていこうとする家族回帰の動きが見られるのです。いいことだと思います。家庭がくつろげる場であれば、疲れを翌日に持ち越さず明日へのエネルギーが生み出されます。

仕事か家庭かという極論ではなくて、ともに必須の環境です。私も休日のゴルフを減らして、家族との楽しさを味わい、家族のきずなを強めています。そうすることで互いに相手を認めて感謝する心を持ち、いたわり合いの気持ちで接すれば、家庭は自然とやすらぎの場になると思います。

夫婦は「足して十」なら
ベストパートナーになれる。
あって当たり前のもの、
いて当たり前の妻（夫）にこそ、
ありがとうの心を忘れない。

仕事に忠ならんとして、長い間、仕事や事業に精を注いで、家族に孝ならずを地でいってしまいました。

それは家族を守るという「小さな」使命よりも、会社を大きくして、従業員を幸福にしたいという大きな使命を、自分の優先事項と考えてきた結果であると思っています。しかし人生の復路も後半に入ったいま、仕事人間から家庭人間への脱皮をこころみています。

夫婦は「足して十」であればいいというのが私の夫婦観ですが、妻は私の足りないところを補って余りあるベストパートナーだと思います。でも、妻もそう考えているかどうかはわかりません。ただ、そういってもらえるよう、目下、鋭意努力中なのです。あって当たり前、いて当たり前の存在への感謝を人はつい怠りがちです。自戒も込めて、妻（夫）へのありがとうを忘れまい、と口に出して、感謝することを継続しています。

気づいたときがベストチャンスです。けっして手前勝手ととらず、実行しつづけましょう。

女性の快適さに尽くして四十年。
女性の味方を自負している。
保守的な男性に比べて、
鋭い感性と柔軟性を持った女性が
変革の時代をリードする。

生理用ナプキンや紙オムツを手がけて四十年。永く女性の不快の解消と快適さの提供に努めてきて、私たちユニ・チャームは「女性の味方」を自負する会社です。私自身、女性の意見や言葉には、とりわけていねいに耳を傾けることを心がけています。

それは女性の持つすぐれた感性や柔軟性を信用しているからです。男性というのはどうしても保守的な生き物です。酒場などでも、いつも同じ席に座ろうとするのはたいてい男性のほうです。男性は基本的に変化を好まないもので、その点、女性はそのときどきの感覚に応じて臨機応変に対処することができます。むろん流行に敏感なのも女性のほうです。

つまり柔軟性という能力において、女性は男性を大きく上回っています。そして、その柔軟さというのは、これからの社会でいちばん求められることなのです。変革期にものをいうのは時代の潮目を読み、すばやく対応していける感性と柔軟性です。その点で、私はおおいに——男性よりも——女性に期待しているのです。

生理用ナプキンの登場は、
女性の不快を取り除き、
彼女たちを活動的にして、
その社会進出を助けた。
これからも女性に尽くしつづけたい。

生理用ナプキンの軽快なＣＭがテレビで流れているのを見て、ときおり隔世の感を抱かされます。かつてそれは薬局でひっそりと売られ、人目を忍んでこっそりと買っていく「日陰の」商品だったからです。

わが国において、女性の生理やナプキンにまつわる暗いイメージを明るく変えたのは、私たちユニ・チャームの功績であると自負しています。それは単に商品イメージを変化させたというだけでなく、生理の不快さを軽減させることで女性を「性」的な束縛から解放し、また、その社会進出を側面ながら支援する功績もあったはずです。ナプキンが登場して、女性が生理中にも活動的であることが可能になったからです。

そのせいか、いまではアートコーポレーション社長の寺田千代乃さんや、ダイヤル・サービス社長の今野由梨さんをはじめ、多くのすぐれた女性経営者もめずらしい存在ではなくなっています。繰り返しますが、女性を生かせずして人を生かすことはできず、社会や経済が活力を得ることはありえません。これからも女性の味方として、男と女との性差解消に尽くす企業活動に励みたいと考えています。

父親から学んだのは
人間としての器の大きさ。
その「人間力」において
いまの人はむかしの人にかなわない。
だからこそ親や過去に学ぶ必要がある。

私の父は九十四歳で他界しました。世間的には長命、大往生ということでしょうが、子どもにとって親の死はいつも早すぎるものです。父も会社を経営しており、私が小さいころからごく自然に経営者になろうと思ったのは、父の姿を見て育ったからでした。

近代的な経営能力という点では、あるいは私は父の上をいっているかもしれません。でも、私がどうしても父にかなわないなと思うのは、人間としての「行間の広さ」、器の大きさです。父は、どんなときでも春風が吹いているみたいに悠揚として迫らない大きな器量を持った人物でした。そのために損を被ったことも少なくありませんが、いっこうに意に介したふうはありませんでした。

父を思うと、つくづく人間は才でなく徳が大事だと感じます。また父に限ったことではないのですが、「むかしの人にはかなわないな」と思うこともしばしばです。人間というのは、じつは思ったほど進歩していないのかもしれません。でも、だからこそ、親を敬い、過去に学んで、それを未来につなげていくことが大切になってくるのです。

人生を健全に生きるには
三つの心を持っている必要がある。
大人の持つ抑制のきいた態度、
親の持つやさしい愛情、
子どもの持つみずみずしい好奇心。

人間はだれも三つの心を持っているものです。というより、その三つの心を自分のなかにバランスよく併存させることが、健全に生きるために必要になってきます。一、大人の心。二、親の心。三、子どもの心です。

たとえば社会のルールを守り、市民の義務を果たすのは抑制のきいた大人の心です。親の心は、子どもに対するやさしさや無償の愛などが相当します。年下の人間を指導するときにも親の心が必要で、頼れるリーダーなどはこの心を強く持っているものです。

そして子どもの心は、無邪気さや無垢な気持ち、曇りのない目など、子ども特有の心を大人になっても失わないことです。いくつになってもみずみずしい好奇心を保ち、物事にワクワクした気持ちで挑戦する――趣味や学問の分野、そして仕事においても、この子どもの心を保持することがきわめて大切です。

一人前の大人というのは、この三つの心のバランスがとれているものです。大人の態度を有し、親のように人に接し、子どもの目で物事を見る。これができれば理想です。このことは心理学の世界のもっとも大切な考えです。

第五章のまとめ

この章を通じて私がお伝えしたかったことは、自分が生きているということは、過去、そして現在においても、多くの人々によって「生かせてもらっている」ことであり、また「周りの人々を生かしている」ことだということです。祖先、歴史上の人物、親子、夫婦、友人、同僚、先輩・後輩、上司・部下など、さまざまな「つながり」を通じて生きているわけです。大切なのは「周囲を愛し、自分を愛す」、すなわち「人間好き」になることだと思います。

第五章のキーワード

「多様性」「固有性」「友人」「家族とのきずな」「夫婦」「両親」「ユーモア」「三つの心」「女性の味方」

やってみるコツ

- 自分と違った価値観・考え方に出会ったら、「それも良いかも」と口に出していってみる。
- 人と話をしていて、反論をいう場合、ひと呼吸間を空けてから話す。そしてひとことめにかならず「おもしろい意見だね、ちょっと別な角度から発言していい？」と前置きをする。
- 人生のパートナーとの記念日は大切にする。そしてかならず「ありがとう」を口に出していう。
- 親孝行を実践する（不幸にして他界されている場合は、お墓参りをしましょう）。
- 子どもとかならず毎日話をする。「今日、何かおもしろいことあった？教えてよ」でＯＫ。

第六章

歴史観・世界観・人物観をふまえながら生きる

――日本ブランド・健全な愛国心・歴史に学ぶ――

国の危機が叫ばれているが、
低迷期に悲観論を唱えるのは、
じつはやさしいことだ。
この国の持つ強みを再認識して、
ピンチをチャンスに変えよう。

日本の危機や衰退がいわれています。経済の停滞、教育の崩壊、人心の荒廃など、悲観的な要素には事欠かないように見えます。でも、低迷期に悲観論をいうのは、じつはたやすいことで、その前に、もっと冷静にこの国の持つ強みと弱みを分析し、対応策を考え実行に移す必要があるのではないでしょうか。

私は年に二、三度海外へ出ていますが、そのとき外から日本を見てみると、いいところがいっぱいあるのがわかります。労働の質の高さや技術力。文化、教育水準も高いし、国内貯蓄など資金も潤沢です。そのほかにも、わが国が世界に誇れることはけっして少なくありません。そうしたみずからの強みよりも弱みのほうに注目して、危機や閉塞を言い立てる人に国民全体が同調してしまうのは、日本人のむかしからの悪い癖です。

現在が大きな転換期にあるのはまぎれもない事実ですが、これからのグランドデザインやアクションプランをみずから示して、もっと自信を持ち、危機を好機に変えるダイナミズムを取り戻す必要があります。

私も、日本経団連評議員会副議長や内閣府総合規制改革会議委員の一人として、日本社会の発展の一助になる所存です。

古い船はもう動かないが、
新しい船はいまだ建設されていない。
そこに危機の本質がある。
個人は組織に頼らず、自立して、
新しい航海図をそれぞれ描き直せ。

いま日本が直面している「危機の本質」は、森鷗外のいう「前なるものが滅びて、後なるものが興らぬ」ところにあると思います。大量生産方式とか成長至上主義といったこれまでの仕組みが限界にきているのに、これからの時代の新ビジョンが国家レベルで描けていない――その点にこそ、大きな危機が内在しているのです。

再生のために航海図を描き直し、「この国のかたち」を、そして私たち自身の生活スタイルを変えていく必要があるのですが、それはむろんたやすいことではありません。やるべきことは山積しています。たとえば企業や組織についていえば、ベンチャー企業や先見性あるリーダーの育成、集団主義や均質主義からの脱皮などが急がれています。

個人レベルでは、なにより「自立」が急がれます。組織内にありながらも組織に依存せず、自分「発」で、組織と対等の関係を築ける人間。仕事に――お金でなく――生きがいを見出せる人間。一人ひとりが「私」を持って、自分自身を主役として生きていける力を養っていかなくてはなりません。

コレクティブな生き方から、
アソシエーティブな生き方へ。
みんな、彼ら、その他大勢という
集合名詞のなかに埋没せず、
分割不可能な「私」を築け。

日本の企業組織はこれまで、「コレクティブ（集合的）」であることに力点を置いてきました。社員の評価なども、集団にいかに尽力したかを中心に測られ、それが結果的に社員の「私」を抑圧し、人材の多様性を妨げてきた面が少なからずあるのです。これは私なども反省すべき点があります。

これからの個人と組織の関係はコレクティブではなく、アソシエーティブ（協同的）であらねばならないと考えています。集団に個を当てはめるのではなく、個の多様な組み合わせによって、個と組織両方の能力を高める方向です。その実現方法をいま、私は「固有名詞化」「二人三脚・三人文殊」というキーワードを使い実践に応用しています。

みなさんも、「みなさん」という集合のなかに埋没せず、あらゆる問題を自分を基点とし、自分を軸として考える主体性、つまり「私」を築いてください。Individual（個人）という言葉には、「それ以上分割できない」という意味があります。新しい時代には、その最小単位である私を磨き、保持することがすべての基点となるのです。

日本の技術力は品質と哲学にすぐれ、
世界のあちこちで信頼されている。
わが国の存在意義の一つ。
その技術力を核に文化や芸術面でも
「日本ブランド」を広げていこう。

アラスカのエスキモーの村では、日本製の水洗便器が使われているそうです。理由は「水の節約装置がついているから」。カリブ海のグレナダ島には日本車がうんと多いといいます。坂や細い曲がりくねった道には日本車が最適だからです。

節水の工夫といった「哲学」も込めた高い商品力。その品質や機能を可能にする高レベルの技術水準。その技術に寄せられる揺るぎない信頼感。わが国の技術力はやはりすばらしいもので、それ自体が「日本というブランド」になるほどの強みであると私は思います。しかもその技術は、「売れている（消費されている）」というより、世界の人々の生活に「役立って」います。

技術力は世界に対する日本の存在意義を知ってもらう一つで、私たちはその特質をもっと誇りに思い、自信を持っていいものです。アニメーションなども世界水準になりつつあります。今後は技術力に加えて、文化や芸術面でも日本ブランドを世界に広めていくことです。そこに、この国がめざすべき「未来のかたち」の雛型があると思います。

物質偏重のあり方を見直して、
ものと心のバランスを回復しよう。
「あれば便利なもの」と
「なくてはならぬもの」、
ほんとうに大切なのはどっちか。

私は、マーケティングを通して商品を買っていただくには、その機能的価値の追求だけではなく、情緒的価値の追求の必要性を知りました。

ものと心のバランスを取り戻すこと。それは私たちに課せられた大きなテーマといえるでしょう。戦後の日本は「もの中心」、物質的繁栄をめざして経済一本やりでやってきました。

しかし歴史家のトインビーは、どんな国や社会でも、物質的価値観と精神的価値観のバランスがいったん崩れてしまうと（どちらに崩れても）、その社会の生命力、国の活力は衰弱の道をたどると指摘しています。その指摘の正しさを、いまの日本は証明しつつあります。私たちはいま、もの偏重から心重視へ針を戻すことで、物心のバランスを是正する必要があるのではないでしょうか。

そのためには経済成長は多少犠牲にしてでも精神的価値観、つまり何のために生きるのか、どうあるべきかといった人生観を確立することが大切です。ものを所有することだけが幸せの手段ではありません。「あれば便利なもの」と「なくてはならぬもの」。私たちがいまほんとうに求めるべきは、後者なのではないでしょうか。

お茶を入れましたではなく、
お茶が入りましたという。
日本人のゆかしく、深みのある心。
この国のよさを自覚して、
健全な愛国心を持とう。

国語学者の金田一春彦さんが指摘していたことですが、日本語では、「お茶が入りました」といって、「私がお茶を入れました」とはいいません。その人が入れたにもかかわらず恩に着せる言い方を避ける。これは日本語の美しさであり、また日本人の心のゆかしさの表れといえます。

あやまってコップを割ったときも、欧米では「コップが割れました」という人が多いそうですが、日本人は「コップを割りました」といいます。ゆかしさ、こまやかさ、誠実さ、責任感、謙虚、勤勉……私は偏狭なナショナリズムは嫌いですが、自分が生まれた郷土、自分が暮らしている日本のよさを認めることにおいては人後に落ちないつもりです。

美しい自然、長い歴史、すぐれた文化。これほど深みとうるおいに満ちた精神性を、いわばＤＮＡとして有している民族は他に類を見ないでしょう。もっと自国のよさを自覚し、また取り戻して、偏狭ではなく、広く、やさしい心を持った健全な「愛国心」を育てていきたいものです。

そういう自覚のもと、日出ずる国・日本に生まれたことに誇りを持ちましょう。

ひたすら近代を疾走して、
いま行き場を見失った日本。
これからも技術中心の経済国家として
独自の文化、精神を忘れず、
新たな「坂の上の雲」をめざせ。

日本という国はみずから選び取ったのではなく、外国から迫られ、あわてて近代の扉を開かざるをえなかった歴史があります。ペリー来航以来の幕末、維新の激変。明治国家の富国強兵。おごりと膨脹から敗戦による没落。戦後は、再び経済大国という「坂の上の雲」をめざして休むことなく疾走してきました。そして、いま行き場を見失ったように停滞を余儀なくされています。

しかし繰り返しますが、日本はこれからも技術を中心にした経済立国の道を選び、平和と民主主義の国として生き、世界に貢献していくべきであることに変わりはないと思います。

むろん、これも既述しましたが、欧米の追随ではなく、わが国のすぐれた文化や、和や中庸の心などに見られる独自の精神性をしっかりと保持しながら、世界へと広がっていく。

よき文化と精神の継承の上に立ちつつ、目に見えるよい商品も生み出して、精神的・経済的に豊かな国をめざすことで世界に認められていく――このことを再生の主たる道筋とすべきだというのが、私の変わらざる国家観なのです。

古いものにも価値を見出す
成熟した目を持とう。
過去に学ばないものに未来はなく、
歴史とは「生きた現在」にほかならない。
歴史という総合人間学を学ぼう。

イギリスでは、「It's old」という言い方に「それはいい、信用できる」という意味を込めているそうです。戦後の日本では、新しいものが尊ばれ、おおげさにいえば古いことは「悪い」ことでした。でも、古いことにも価値を見出す「成熟した目」を私たちは持つ必要があります。

私は社内でも、時間軸、すなわち過去・現在・未来という話をよくします。そのなかでも過去、すなわち歴史とは人間の営みの集合体のことであり、したがって歴史を学ぶことは「総合人間学」を学ぶことなのです。これほど広範で有用な学問はありません。

あなたがいま濡れることなく川を渡れるのは、過去にずぶ濡れになって橋を架けた人の歴史があるからです。それを知れば、歴史とは過去の遺物などではなく、現在そのものであり、「生きた」ものであることが理解できるはずです。そして、いまを生きる私たち一人ひとりの営みが歴史となって未来を形成していくのです。歴史を学びましょう。過去に学ばないものに未来はないからです。

私も、歴史に学び、世界に学び、人物に学ぶことを日々心がけています。

成長の途上にある限り
人はいつも「青春」である。
希望と情熱を失うことなく、
一生勉強、一生感動、一生青春の、
いつでも若い心を持ちつづけよう。

「まだまだ、こまい（小さい）」は、四国生まれの私の口癖です。まだ小さい、これで満足しない、もっと前へ進む。ずっとこの口癖をつぶやきながら、これまで生きてきた気がします。そして年をとっても、いつでも成長の途上、いつも青春であるとみずからを叱咤しながら、これからも生きていくと思います。

サミュエル・ウルマンの『青春』という詩に、「青春とは人生のある期間をさすのではなく、心の持ち方をいう。たくましい意志、ゆたかな想像力、燃える情熱、憶病を退ける勇気、易きにつく気持ちを振り捨てる冒険心をさす。年を重ねただけでは人は老いない。理想を失うとき初めて老いる――」というのがあります。

私は大学時代に、写真部・テニス部・スキー部に所属する一方、勉強も人の倍以上やりました。それ以来、一回きりの人生なのだから、目一杯充実した人生にしようと心に誓い、今日までの約半世紀突っ走ってきました。年をとっても、心はいつまでも若くありたいものです。歳月は皮膚にしわを寄せますが、理想や情熱を失えば、若くとも心がしぼんでしまいます。希望と情熱をつねに忘れず、どうか「一生感動、一生勉強、一生青春」の人生を送ってください。

歴史は将来進むべき方向を教える。
世界の歴史を振り返って思うことは、
日本人の持つ
「多様性を受け入れる」
すばらしさだ。

日本は世界から見れば極東といういわば世界の端に位置しています。しかしわれわれは、古くは漢字・仏教という文化の移入のみならず、それを有する多くの帰化人を受け入れ同化してきたことを改めて考えるべきでしょう。そこには先人に学ぶ姿勢と同時に多様性を受け入れる精神がありました。それは近代にも引き継がれ、明治維新の前後には西洋の文物・考え方を受け入れ、世界史に確固たる地位を築いてきました。しかしながら、おごれるものは久しからずで、大東亜戦争による敗戦を経験し歴史上初めて他民族の支配下に入りました。だがそういうときでさえ多くのものを受け入れることで、今日の繁栄を築いたわけです。その本質は「多様性の受け入れ」であったと思います。

ひるがえって世界を見ると、共産主義の崩壊や宗教的対立など、紛争の根源は「唯一絶対的な世界観・価値観」からくる対立ではないでしょうか。

私は、自分の人生を振り返りつつ世界のこれからを考えるとき、この「多様性の受け入れ」という視点・視座さえ持っていれば、世界はよりよい民主主義を築け、そのなかで人生を送る一人ひとりが平和的に暮らせるのではないかと思います。これが広い意味でも「会う人みな師匠」だと思います。

第六章のまとめ

この章を通じて私がお伝えしたかったことは、日本は聖徳太子以来大乗仏教の国で、慈悲の心　悲しみも喜びも分ち合う平和を愛する文化の国です。その国に生まれ、二十一世紀の現在、一人の国民として歴史観・世界観・国家観といった根本的な部分を深く考え、将来に引き継ぐべき精神・国富を見直そうということです。

大切なのは、わが国が古来より蓄積してきた価値観・美意識・人間観を理解したうえで、他国も認め、国際社会での協調を進めていくことだと思います。

第六章のキーワード

「日本の強み」「日本ブランド」「健全な愛国心」「歴史に学ぶ」

やってみるコツ

●自分の生まれた土地、育った土地について歴史をひもといてみる（郷土の名士、郷土の歴史、郷土の名産について話せますか？）。

●外国からのお客さまに日本の歴史を説明できるようにする（外国語が話せるという意味でなく、母国の歴史・文化を知っていることが大切なのです）。

●自分の一押し日本ブランドを持とう（ものでもけっこうです。歴史・文化ならもっとおもしろいですね。武士道のような精神だったらこれは最高です）。

あとがき

私もまた当然ながら、生まれ落ちたときは「その他大勢」の凡人にすぎませんでした。しかし、一度しかない人生を充実させ、どのようにすれば成功の生き方を歩めるのかを考えると、そのカン・コツ・急所は、

①日々新たな志・目標を立てる

②そのことに全力で取り組む

③寝るときには今日一日の行動を振り返り達成感を味わう

この三点に徹底することです。

人生は三度勝負するという言葉もありますが、自分で視野、識見の未熟さに気がついた今日からでも、もう一度再スタートを切ろうとすればよいのです。

またすぐれた先輩、尊敬する人物に本音で考えや行動のさまをぶつけて歩み直

すことも一つの道だと説いてきました。

私自身、経営者としてこれまで、「これは逆立ちしてもかなわないな」という人にたくさんお会いしました。そして彼らから貪欲に学んで、できれば彼らより人間として大きくなってやろうと人一倍努めてきました。

その努力の質と量では人後に落ちないつもりです。その気づきと努力の積み重ねがいまの自分であると思っています。七十二歳のいまから百歳まで約四半世紀、この気持ちと行動力をずっと維持していこうと毎朝自分に言い聞かせております。

私は、徳川家康公が、松下幸之助翁が、稲盛和夫さんが好きで尊敬しておりますが、その理由として、まず家康公は、幼少のころの苦労から人の心をくむ能力、自分の人生だけでなく五代先までの長い目標を立てる力を生涯継続しつづけ、二百七十年・十五代の基盤をつくり、先見したリーダーとして死ぬまでそれらを発掘しつづけたことに彼の偉大さを感じます。

松下幸之助翁は病弱で学校もいけず、人の生き様を市場経済のなかで見ながら独自の考え方や目標の持ち方をつくられた。とくに偉いと思うことは、自分の体力・知力・気力・胆力・構想力を自己観照して、ベストの道を実践するのに衆知を集め、世界に冠たる松下を育て上げ、物心両面の豊かさをみずから実践することで、教育家としてもリーダーとしても模範になる生き方をされた。一例が、八十四歳で政治家づくりの松下政経塾をつくられたことです。

七十一歳になる稲盛さんは、人を残すは上の上、名を残すは中の中、金を残すは下の下という信念のもと、稲盛財団をつくられました。私の知る限り、日本財団七百億円に対して、六百五十億円と日本第二の規模であるだけでなく、毎年贈られる賞は、百年の歴史を持つノーベル賞に匹敵する世界有数の栄えある賞であると確信します。

稲盛さんは、人については教育家として盛和塾を主催し、名についてはセラミックから世界の通信市場へ躍進し、金については稲盛財団を創設、仕組みについてはアメーバ経営をつくられた。そして現在、日本が世界の経済社会をリードする条件を多面的につくりつづけておられる。ゆえに私の目標でもある人生の「四ぼれ」、すなわち「人にほれ」「郷土にほれ」「仕事にほれ」「国家にほれ」ることを、実践貫徹した私の大目標人物です。

この三人の生き方から、現代日本人の生き方に引き戻してその生き方を生かすことは、産業界、経財界、官界、政界、学界のすべての世界で有意義です。

基本はヒト、モノ、カネ、情報であり、とくにヒトは、自分一人では何もできないから、いかに人材力を結集するかであると思います。モノは、多ければよいというのではなく、物心両面のバランスこそが大切で、それは古代・中世・近代すべての歴史上のリーダーを見ても、そういうバランス感覚を持った率先者でなければならないと考えるようになりました。

まず、明治維新で「和魂洋才」「富国強兵」の明確な明示力がありながら、その実践過程で太平洋戦争において方針・方向が曲がったのは、日本人の「正しい情報収集判断力」と「情緒的思考」の偏りによる倫理性の未熟さにあったと思います。

もう一度強調しますが、「国家」も「会社」も「リーダー」も「日本人一人ひとり」も、①志・目標を立て、その企画力の論理と情緒の両面からの構想力を育み、②実践過程で相手の実力評価を正しく行い行動しなければならない。これは戦時中のアメリカへの過小評価やフセイン大統領の判断からも学べるのではないでしょうか。

そのために必要な能力は、①計画には日本人の特徴である情緒的思考と欧米人の論理的思考を組み合わせる、②日本人の計画実行力の弱さを欧米流の「計画的ゴール設定」「情報収集」でカバーし、重点集中のバランス感覚で行うことです。

また、「マクロ軸」「ミクロ軸」「時間軸」を使うことをおすすめします。これはとくに、「ミクロ軸」では瞬間瞬間を大切に思う心で相手と理解・納得・共感を得つつ、相互に報告・連絡・相談し合うことで、自己観照力を高め信頼感とともに人間的魅力をふやすことで実現できます。

平和主義と民主主義の信奉者である私は、やはり世界に誇る技術力を核にした経済立国の道をたどるほかに日本再生の術《すべ》はない、と思っています。その道をおごることなく、ていねいに進んでいけば、いまの危機をチャンスに、転機を勝機に変えることが十分にできるはずなのです。

いわばそうした高所からの視点「鳥の目」を持つこと、それもまた平凡で地道な毎日を積み重ねていくことと並んで、有意義な人生を送るために欠かせないものです。マクロとミクロ、遠と近という対極にある二つの視点から個人の生き方を位置づけ、それぞれ非凡に至る道を探っていただきたいと思います。

私は努力の必要性を説き、自分の成長とともに活動範囲を広げてまいりましたが、一人ではできなかったと思います。

しかし努力のかいがあったか幸運であったかは別に、自分にはない能力を持った人が周りにたくさん集まってきてくれ、彼らとともに成長しつづけることで、より以上の成功を収めることができたのだと思います。鉄鋼王のA・カーネギーがいうように、私は——いやだれもが——自分よりすぐれたる人の協力によってここまできた人間なのです。

だから、みずからがリーダーとしてビジョンを自分の言葉で語り、そのビジョンに共感したメンバーが自発的にリーダーに〝変身〟し、次の世代にビジョンを語り継ぐというサイクルが回り出せば、その組織は持続的に成長を続けることができると信じています。

生涯を閉じる瞬間まで、素直な向上心と反省心を持ちつづける人生でありたいと思いつつ、そしてこれを本書を読んでいただいた皆さんに実践していただくことを切に望み、あとがきとしたいと思います。
二十一世紀の主役は、このような気概にあふれた人であり、それはあなた自身なのです。

高輪の執務室にて　高原慶一朗

二〇〇三年八月

<著者略歴>
高原慶一朗（たかはら　けいいちろう）
1931年、愛媛県川之江市生まれ。1953年、大阪市立大学商学部を卒業後、関西紙業に入社。1961年、大成化工（現ユニ・チャーム）を設立、代表取締役社長に就任。同社を生理用品と紙オムツの分野でトップシェアを持つ優良企業に育て上げる。1980年、東証一部上場。2001年より代表取締役会長。内閣府総合規制改革会議委員、経済産業省中小企業政策審議会基本政策部委員、日本経団連評議員会副議長、四国経済連合会副会長など公職多数。
主な著書に、『感動の経営』（ダイヤモンド社）、『やる気 やるチャンス やる力』（日経文庫）、『チャレンジ立国論』（東洋経済新報社）などがある。

賢い人ほど失敗する
——要領の悪い人でも成功するヒント

2003年10月16日　第1版第1刷発行

著　者	高　原　慶　一　朗
発行者	江　口　克　彦
発行所	ＰＨＰ研究所
東京本部　〒102-8331	千代田区三番町3番地10
	学芸出版部　☎03-3239-6221
	普 及 一 部　☎03-3239-6233
京都本部　〒601-8411	京都市南区西九条北ノ内町11
PHP INTERFACE	http://www.php.co.jp/
印刷所 製本所	大日本印刷株式会社

ISBN4-569-63184-3

PHPの本

新しい哲学を語る

梅原　猛／稲盛和夫　共著

道徳を忘れ、宗教心も失い、倫理なき社会に陥った日本。「哲学をベースにした社会」の構築こそ急務と説く憂国対論。

定価1,365円
（本体1,300円）
税５％

会社を救う後継者　滅ぼす経営者

梶原一明　著

「世襲人事」も「順送り人事」も過去の慣習に！　これからのトップに求められる能力と資質を徹底分析した緊急書き下ろし。

定価1,470円
（本体1,400円）
税５％

日本はそんなに悪い国なのか

上坂冬子　著

首相の靖国参拝、謝罪外交……戦後58年を経ても終わらない不毛の議論に終止符を打つ画期的論稿。平和祈念碑をめぐる討論も収録。

定価1,365円
（本体1,300円）
税５％